Global Energy Interconnection
Development and Cooperation Organization
全球能源互联网发展合作组织

中国 2060 年前碳中和研究报告

全球能源互联网发展合作组织

中国电力出版社
CHINA ELECTRIC POWER PRESS

前　言

　　2020 年 9 月 22 日，习近平总书记在第 75 届联合国大会上发表重要讲话，提出我国将提高国家自主贡献力度，采取更加有力的政策和措施，二氧化碳排放力争于 2030 年前达到峰值，努力争取 2060 年前实现碳中和。这为我国应对气候变化、推动绿色发展提供了方向指引、擘画了宏伟蓝图，得到国际社会高度赞誉和广泛响应。

　　迈向全面建设社会主义现代化国家新征程，碳达峰和碳中和目标的提出，是党中央、国务院统筹国际国内两个大局作出的重大战略决策，彰显了我国走绿色低碳发展道路的坚定决心，为世界各国携手应对全球性挑战、共同保护好地球家园贡献了中国智慧和中国方案。全面推动碳达峰和碳中和，将加快我国产业结构、能源结构转型升级，建设现代化经济体系，引领社会主义生态文明建设迈入新时代，为实现中华民族伟大复兴的中国梦奠定坚实基础。全面推动碳达峰和碳中和，将在世界范围内树立绿色发展旗帜，为国际社会全面落实《巴黎协定》注入强大动力，体现了我国主动承担应对气候变化国际责任、推动构建人类命运共同体的大国担当。

　　全球能源互联网发展合作组织认真学习习近平总书记重要讲话精神，深入贯彻落实新发展理念、"四个革命、一个合作"能源安全新战略，从战略全局认识和把握碳达峰、碳中和目标任务，结合自身在全球能源转型、清洁发展、气候环境等领域的研究成果，对我国碳达峰、碳中和的重大意义、形势任务、思路目标、重点举措等进行了深入研究，形成了《中国 2060 年前碳中和研究报告》。

本报告聚焦 2060 年前碳中和研究，共分 7 部分。第 1 部分分析我国实现碳中和的重大意义与面临的挑战。第 2 部分阐释通过中国能源互联网建设实现碳中和的总体思路、减排机理和综合方案。第 3 部分提出基于中国能源互联网的全社会、分领域、能源系统、电力系统碳中和实现路径。第 4 部分提出落实碳中和目标的清洁发展跨越、化石能源转型、能源互联互通、全面电能替代、产业转型升级、能效综合提升、零碳社会建设、生态治理协同等重点行动。第 5 部分介绍我国实现碳中和的关键技术，分析其在各个行业、领域的应用潜力。第 6 部分分析我国通过实施碳中和发展战略在经济、社会、环境等领域全面推动实现现代化强国目标的协同作用。第 7 部分总结报告主要观点，提出相关建议。

2060 年前碳中和目标对我国经济社会发展提出了更高要求，也带来了新的重大机遇，将为建设富强民主文明和谐美丽的社会主义现代化强国提供强大动力。需要社会各方携手努力、凝聚共识、迅速行动，深入贯彻新发展理念，把握"十四五"和"十五五"关键窗口期尽早实现碳达峰，2050 年全面建成中国能源互联网，大力推动"两个替代"，确保 2060 年前实现碳中和战略目标，走出一条经济社会环境协调发展的中国特色创新之路，为实现"两个一百年"奋斗目标、构建人类命运共同体作出积极贡献。

目　录

3　基于中国能源互联网的碳中和实现路径 ·················· 025

4 碳中和重点行动 ····················· 075

图目录

表目录

专栏目录

1 碳中和重大意义与挑战

习近平总书记在第 75 届联合国大会上发表重要讲话,提出我国将提高国家自主贡献力度,采取更加有力的政策和措施,二氧化碳排放力争于 2030 年前达到峰值,努力争取 2060 年前实现碳中和。实现碳达峰和碳中和是党中央、国务院统筹国际国内两个大局作出的重大战略决策,是我国可持续发展的内在要求,是主动承担应对气候变化国际责任、推动构建人类命运共同体的责任担当。我国正处于全面建成小康社会、开启新时代社会主义现代化建设的重要历史时期,实现碳中和是关系人民福祉、关乎民族未来,事关两个一百年奋斗目标和中华民族伟大复兴中国梦的重大战略。我国受气候变化不利影响严重,面临的碳减排形势严峻,需要以新理念、新思路、新方案推动经济社会能源环境全方位变革,根本上实现绿色低碳可持续发展。

1.1 2060 年前碳中和的重大意义

实现碳中和是我国现代化建设的重要内容,对加快促进生态文明建设、保障能源安全高效、推动经济转型升级、引领应对气候变化都具有重大意义。

1.1.1 促进生态文明建设

引领绿色低碳发展。我国将在碳达峰后用不到 30 年的时间实现碳中和,根本解决碳排放问题,促进温室气体和污染物排放与经济社会发展脱钩,全面促进生态文明建设。当前我国处于工业化中后期阶段,重化工业比重高,资源环境承载力难以支撑原有发展模式持续高速增长,面临资源约束趋紧、环境污染严重、生态系统退化的严峻形势。加快推动实现碳中和目标,广泛形成绿色生产生活方式,有助于调整产业结构,促进资源节约集约利用和节能降耗,降低资源与环境的负荷,转变传统的低效污染发展模式为绿色、低碳、循环的可持续发展模式,构建"人与自然"协调发展的新平衡,实现我国全面、协调、安全、可持续发展。

促进生态环境治理。实现我国碳中和目标，将协同推进经济高质量发展与生态环境高水平保护，以降低碳排放为引领，加强大气、水、土壤污染防治，减少各类固态、气态、液态污染物排放，持续改善生态环境质量，走生态优先、绿色发展之路，推进美丽中国建设，形成人与自然和谐发展的现代化建设新格局。通过实现碳中和，促进生态文明体系构建，将引领全球应对气候变化和生态环境治理进程，变革人类生产方式、生活方式、价值观念，建立生态环境相关法律法规与政策体系，普及绿色消费理念，提高全民生态意识，加快构建尊崇自然、绿色发展的生态体系。

1.1.2　保障能源安全和高质量发展

保障能源安全供应。碳中和目标将倒逼能源系统低碳转型，降低化石能源对外依存度，提高我国能源供应安全，保障能源系统经济可靠运行。我国能源强度仍然较高，为世界平均水平的 1.5 倍、发达国家的 2～3 倍，需要以清洁低碳、安全高效的能源体系支撑绿色低碳的经济体系，以我国清洁能源替代石油、天然气进口，保障能源供应安全。通过清洁发展大幅提升能源自给能力，充分发挥我国清洁能源资源优势，大力开发利用清洁能源，转变以煤、油、气为主体的能源格局，减少油气进口依赖，为经济社会发展提供充足、经济、稳定、可靠的能源保障，实现能源永续供应。

提升能源发展质量。实现碳中和目标能够加速能源系统清洁化、低碳化、智能化转型，驱动能源技术、装备、产业深层次变革，推动能源生产方式从低效、粗放、污染、高碳转向高效、智能、清洁、低碳。随着特高压输电、储能、清洁能源发电技术的规模化应用，各类终端高效用能技术的广泛应用，能源技术与大数据、云计算、人工智能、物联网等信息技术的深度融合，能源生产、配置和消费方式将会发生重大变革，大幅提升能源效率，促进我国能源电力可持续发展。

1.1.3 推动经济转型升级

构建经济高质量发展新格局。实现碳中和是推动经济转型、引领全球绿色低碳技术和产业革命的重大机遇。实现碳中和能够促进生产方式、消费方式、商业模式发生深刻变化，推动我国经济增长方式和经济体系发生结构性变革。通过推动能源生产和消费革命、形成绿色工业体系、促进低碳城镇化，引导资本、技术、人才等生产要素投向绿色产业聚集，逐步实现经济增长与温室气体排放"脱钩"，经济发展质量效益显著提升。

促进战略性新兴产业发展。实现碳中和能够加快形成以零碳能源为基础的产业结构，以能源产业转型升级带动战略性新兴产业发展，打造战略性新兴产业集群，培育新一代信息技术、新能源、新材料、高端装备等智能制造和绿色制造产业成为主导产业，抢占绿色经济发展制高点。实现碳中和能够促进传统高耗能高污染产业低碳转型，加速传统工业制造业升级，加快发展现代产业体系，助力实现社会主义现代化强国目标。

1.1.4 引领应对气候变化

积极落实《巴黎协定》。我国从达峰到碳中和过渡期只有 30 年时间，而发达国家普遍需要 60～70 年。我国能源和经济转型、碳减排的速度和力度，要比发达国家实现转型的速度和力度大得多。我国实现碳中和的阶段，正是推进现代化的关键阶段，走出中国特色的碳中和道路，将在全球树立标杆，为落实《巴黎协定》提供成功实践，向世界各国提供应对气候变化的中国经验和中国方案。据测算，如果我国在 2060 年前实现碳中和，全球升温相比国家自主贡献路径下将减少 0.2～0.3℃ ❶。

---

❶ 何建坤，中国实现碳中和，有几个方向必须加大努力，第一财经，2020 年 9 月 29 日。

促进全球多边合作。应对气候变化是我国坚持多边主义参与全球治理的重要领域，将搭建我国深化对外交流、凝聚各方共识、拓展务实合作的重要平台。我国主动宣示 2060 年前实现碳中和目标引领全球应对气候变化进程，带动日本、韩国等国家作出碳中和承诺，目前全球承诺碳中和的国家总数已达到 120 多个❶，为《巴黎协定》实施注入了强大动力，有助于推动构建公平合理、合作共赢的全球气候治理体系，提升我国作为全球应对气候变化重要参与者、贡献者、引领者的地位和作用。以共同应对气候变化为载体，能够带动我国与其他国家在能源、基础设施建设、金融、投资、产能等各领域深化合作，推动对外开放迈上更高水平，促进全球多边合作，完善全球治理体系，彰显我国积极推动构建人类命运共同体的大国担当。

1.2 应对气候变化成效

我国始终高度重视应对气候变化，积极实施应对气候变化国家战略，主动开展行动，努力控制温室气体排放，应对气候变化取得重要成果。

1.2.1 绿色低碳发展成效显著

国家高度重视应对气候变化。国家成立了国家应对气候变化及节能减排工作领导小组和相关工作机构，在经济政策、体制机制、生产方式、消费模式、科技创新、国际合作等方面采取了一系列积极的政策行动。我国将应对气候变化目标纳入国民经济和社会发展规划，编制并实施《中国应对气候变化国家方案》《国家应对气候变化规划（2014—2020 年）》等，加快推进产业结构和能源结构调整，大力开展节能减碳和生态建设，积极推动低碳试点示范，加强应对气候变化能力建设，努力提高全社会应对气候变化意识，广泛开展应对气候变化国际合作，应对气候变化各项工作取得重要进展。

---

❶ 资料来源：Climate Action Tracker (CAT), https://climateactiontracker.org/press/china-carbon-neutral-before-2060-would-lower-warming-projections-by-around-2-to-3-tenths-of-a-degree/。

节能减排成绩突出。通过调整产业结构、优化能源结构、提高能效、推进碳市场建设、增加森林碳汇等一系列措施，我国碳强度持续下降，基本扭转二氧化碳排放快速增长局面。截至 2019 年年底，我国碳强度较 2005 年降低约 48%，清洁能源占一次能源消费比重达 15.3%，提前完成我国向国际社会承诺的 2020 年目标。应对气候变化和污染防治的协同作用初步显现，我国的减排措施相当于减少二氧化碳排放约 56.2 亿吨，减少二氧化硫约 1192 万吨、氮氧化物约 1130 万吨[1]，为全面落实国家自主贡献，努力实现碳中和目标奠定了坚实的基础。

碳市场建设积极推进。我国在应对气候变化中长期规划中提出了促进减排的政策体系，明确逐步建立碳排放交易市场，通过碳定价等政策工具约束碳排放，将环境成本纳入价格形成机制，推进能源结构调整和资源价格改革[2]。自 2011 年起，在北京、天津、上海、重庆、湖北、广东、深圳等 7 个省（市）开展碳排放权交易试点。截至 2020 年 8 月底，试点碳市场累计配额现货成交量约 4.06 亿吨二氧化碳当量，成交额约 92.8 亿元[3]。

1.2.2　能源气候治理影响力提升

积极参与全球气候治理。我国一直是全球气候变化治理机制的重要缔约方，为推动建立公平合理、合作共赢的全球气候治理体系作出巨大努力和重要贡献。巴黎会议之前，我国提出了自主贡献目标，与美国发表《中美元首气候变化联合声明》。我国推动在减缓、适应、资金、技术和透明度等方面体现发达国家与发展中国家的区分，要求各国按照自己的国情履行各自的义务、落实各自的行动并兑现各自的承诺。我国积极促进《巴黎协定》的达成和生效，是深度参与全球治理、推进多边合作的典型成功范例，赢得了国际社会的赞誉和尊重[4]。

---

[1],[3] 孙金龙，黄润秋，坚决贯彻落实习近平总书记重要宣示，以更大力度推进应对气候变化工作，光明日报，2020 年 9 月 30 日。

[2],[4] 谢伏瞻，刘雅鸣，气候变化绿皮书：应对气候变化报告（2018），北京：社会科学文献出版社，2018。

推动全球能源互联网中国倡议。2015 年，联合国发展峰会上习近平总书记提出了构建全球能源互联网中国倡议。5 年多来，在全球广泛传播，形成全球共识，产生了巨大影响力和带动力。构建全球能源互联网展现了我国参与世界能源治理、推动世界能源变革中国方案和中国智慧，为推动构建人类命运共同体、服务人类可持续发展发挥日益重要的作用。联合国秘书长古特雷斯指出，全球能源互联网是实现人类可持续发展的核心和全球包容性增长的关键，对落实联合国《2030 年可持续发展议程》和《巴黎协定》至关重要[1]。

开展气候变化南南合作。应对气候变化领域的南南合作是我国团结广大发展中国家的有效途径。自 20 世纪 50 年代起，我国一直致力于同包括亚洲、非洲和加勒比等地区在内的其他发展中国家开展南南合作，收到良好成效。60 多年来，我国共向 166 个国家和国际组织提供了近 4000 亿元的援助[2]。近年来，重点加大了应对气候变化领域开展南南合作支持力度，分享解决方案，帮助其他发展中国家应对发展挑战，实现减贫和应对气候变化的目标[3]。

1.3　2060 年前实现碳中和的挑战

目前，我国仍是世界最大的发展中国家，发展任务艰巨，未来人口和经济将持续保持增长，实现碳中和面临碳排放总量大、碳减排时间短、经济转型和能源系统转型难度大等一系列挑战。

1.3.1　碳减排时间短任务重

排放总量大、减排时间短。目前，我国温室气体排放总量大、增长快。2014年，温室气体排放总量为 123 亿吨二氧化碳当量，比 2005 年增长 54%。二氧

---

[1] 刘振亚，推动落实全球能源互联网中国倡议助力构建人类命运共同体，学习时报，2020 年 3 月 30 日。

[2] 习近平，中国 60 多年向 166 个国家和国际组织提供近 4000 亿元援助，人民网，2015 年 10 月 16 日。

[3] 谢伏瞻，刘雅鸣，气候变化绿皮书：应对气候变化报告（2018），北京：社会科学文献出版社，2018。

化碳排放量约占全球的 27%[1]，人均排放水平已达 7 吨二氧化碳，超过世界平均水平（约 4.8 吨）[2]，能源活动二氧化碳排放量占全部二氧化碳排放的 87%[3]。从历史累计排放看，中国占全球比重较低，工业革命以来中国历史累积排放不到全球 14%，人均历史累积排放远低于发达国家水平[4]。但我国温室气体排放量占全球温室气体排放总量的比重从 1970 年的 6% 增加到 2017 年的 27%，翻了两番多[5]。我国面临经济社会现代化和减排的双重挑战，从碳达峰到碳中和只有发达国家大约一半的时间，减排力度和速度空前，实现碳中和的任务艰巨。

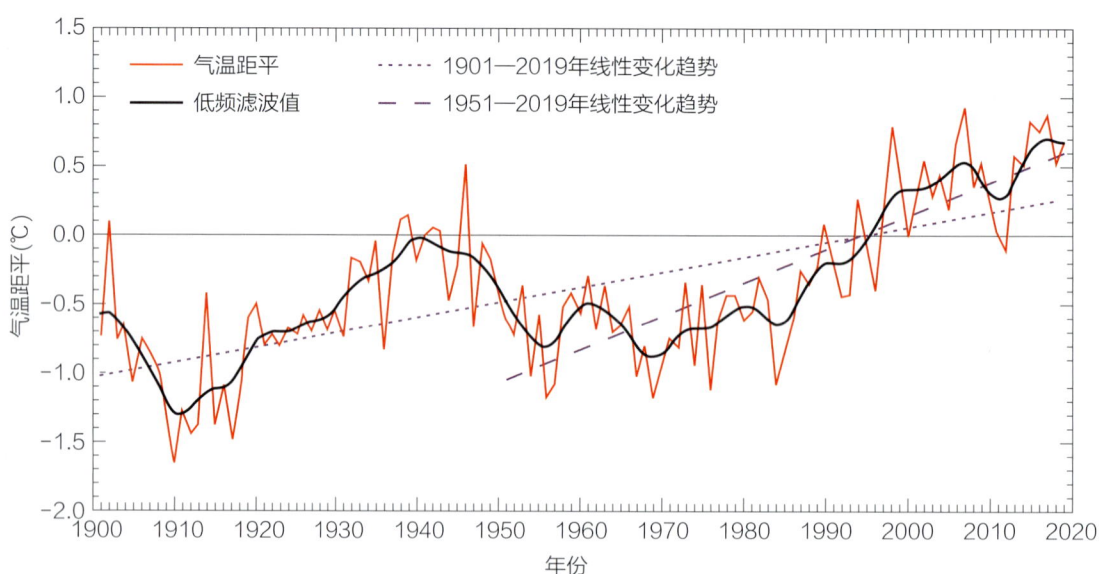

图 1.1　我国近百年来年平均地表气温距平变化趋势[6]

气候变化影响严重。全球变暖已被科学研究证实，当前平均气温比工业革命前高 1.1℃[7]。近年来，我国地表平均温升速率接近全球的 2 倍，海平面上升速

---

[1]，[5] 数据来源：Gütschow J, Jeffery L, Gieseke R, The PRIMAP-hist national historical emissions time series (1850—2017) (Version 2.0), GFZ Data Services. 2019, https://doi.org/10.5880/pik.2019.01。

[2]，[4] Global Carbon Project (GCP), Global Carbon Budget 2019, 2019。

[3] 中华人民共和国气候变化第二次两年更新报告，2018 年 12 月。这里的温室气体排放总量不包括土地利用、土地利用变化和林业吸收的碳汇。

[6] 唐国利，任国玉，近百年中国地表气温变化趋势的再分析，气候与环境研究，2005，10（4）：281-288。

[7] World Meteorological Organization (WMO), WMO Statement on the State of the Global Climate in 2019, 2020。

度也高于全球平均水平[1]。我国近百年来平均地表气温距平变化趋势见图 1.1。气候变化全面威胁我国粮食安全、水安全、生态安全、能源安全、基础设施安全和经济社会安全。北方干旱受灾面积扩大，南方洪涝加重，农业生产的不稳定性增加。气候变化增加了疾病发生和传播的风险，危害人类健康[2]。21 世纪以来由于气候变化造成的直接经济损失平均每年占国内生产总值的 1.07%，超过同期全球平均水平的 7 倍[3]。

零碳负碳技术发展困难亟须攻克。实现碳中和目标对零碳、负碳技术需求紧迫。现阶段低碳、零碳、负碳技术的发展尚不成熟，各类技术系统集成难，环节构成复杂，技术种类多，成本昂贵，亟须系统性的技术创新。低碳技术体系涉及可再生能源及新能源、二氧化碳捕获与封存、生物质加碳捕集负排放技术等领域，不同低碳技术的技术特性、应用领域、边际成本和减排潜力差异较大。目前，碳捕集与封存等碳移除技术仍保持每吨二氧化碳减排在 400 元以上的高成本，推广和应用难度大。

1.3.2　经济转型升级挑战多

经济发展任务艰巨。我国已进入全面建设社会主义现代化国家的新征程，面临经济增速放缓、劳动力成本快速上升、人口结构老龄化、产业结构调整等长期挑战。我国经济系统对化石能源依赖性强，实现绿色生产生活方式任重道远。实现产业链和价值链从中低端向中高端跨越发展，保持经济高质量、可持续增长任务艰巨，亟须转换经济发展动能、优化产业结构。全球经济衰退、经济全球化遭遇逆流、保护主义和单边主义盛行、地缘政治风险上升等外部不稳定不确定因素增加，给我国经济社会绿色低碳转型带来更大困难。

产业转型升级难度大。我国整体处于工业化中后期阶段，产业结构面临新的

---

[1],[2]　陈宜瑜，丁永建，佘之祥. 中国气候与环境演变评估（Ⅱ）：气候与环境变化的影响与适应、减缓对策，气候变化研究进展，2005，1（2）。

[3]　第三次气候变化国家评估报告编写委员会，第三次气候变化国家评估报告，北京：科学出版社，2015。

挑战。2019 年，我国第二产业增加值占 GDP 比重下降到 39%，传统"三高一低"（高投入、高能耗、高污染、低效益）产业占比仍然较高。新形势下我国产业结构转型升级面临自主创新不足、关键技术"卡脖子"、能源和资源利用效率低、各类生产要素成本上升等挑战，传统产业发展存在锁定效应和路径依赖效应，新兴市场需求有待进一步激发，要转变建立在化石能源基础上的工业体系以及依靠资源消耗和劳动力等要素驱动的传统增长模式，需要在理念、规划、技术、机制等方面进行深层次、系统性、根本性变革。

1.3.3　能源系统转型难度大

"一煤独大"严重制约减排进程。2019 年，我国能源生产量和消费量分别为 39.7 亿吨和 48.6 亿吨标准煤，是全球最大能源生产国和消费国，原油和天然气对外依存度分别达到 72% 和 43%，能源保障压力大。化石能源比重居高不下，我国能源碳排放强度比世界平均水平高出 30% 以上。煤炭占我国能源消费的 58%，产生的二氧化碳排放占能源活动碳排放的 80%，"一煤独大"的能源结构给碳减排进程带来严峻挑战。截至 2019 年年底，我国煤电装机高达 10.4 亿千瓦，占全球煤电总装机的 50%；煤电消耗了我国约 54% 的煤炭使用量，排放了全国 43% 的二氧化碳[1]。大量的化石能源基础设施，面对碳减排要求，将带来高额的退出成本，亟须全面加强统筹，采取前瞻性、系统性措施。

清洁能源发展有待全面提速。2019 年，我国清洁能源比重仅为 15.3%，清洁能源装机增速 11%，仅满足了 35% 的新增能源需求，超过 2/3 的新增能源需求仍主要由化石能源满足，清洁发展速度还远远不够[2]。清洁能源发电具有波动性、随机性和间歇性，且清洁能源资源与负荷集中距离较远，只有通过坚强智能电网才能充分利用。我国尚未建立全国性的电力市场，电力长期以省域平衡为主，跨省跨区配置能力不足，严重制约了清洁能源大范围优化配置，清洁能源发展的质量和速度有待提高。从化石能源主导向清洁能源主导的能源系统转变，需要在技术装备、系统结构、体制机制、投融资等多方面进行系统性变革。

---

[1]，[2]　全球能源互联网发展合作组织，新发展理念的中国能源变革转型研究，2020。

2 碳中和总体思路

气候变化既是环境问题，更是发展问题。我国实现碳中和的本质是转变发展方式，走出一条以成本低、效益高、速度快、力度大的方式彻底摆脱化石能源的中国特色可持续发展之路。立足我国国情、资源禀赋和现代化建设总体目标，以清洁发展为方向，能源供应侧实施清洁替代和能源消费侧实施电能替代，加快构建清洁主导、电为中心、互联互通的中国能源互联网，为实现碳中和目标、实现绿色低碳可持续发展提供了全新思路和现实可行的发展道路。

2.1 碳减排机理

碳排放是人类经济社会活动的综合反映，受到人口增长、经济增长、产业结构、能源消费、能源结构、技术进步、城镇化发展等诸多因素影响。我国及全球碳排放驱动因素分析表明，未来能源清洁化和电气化将是减少碳排放最有效和最具潜力的途径。

2.1.1 驱动因素

能源相关碳排放主要受六大因素影响。化石能源二氧化碳排放、清洁化水平、电气化水平、能源消费强度、人均 GDP 和总人口等因素，分别体现了能源消费总量和结构、能效、经济发展水平以及人口增长对排放的影响。通过对我国 1978年改革开放以来碳排放情况进行卡雅（KAYA）驱动因素分解研究，可以揭示各个因素对碳排放变化的影响和作用，寻求符合我国实际的减排思路。

人口和经济增长是导致碳排放增长的主要驱动因素。过去 50 年，全球人口增长和 GDP 增长分别驱动全球二氧化碳排放增加约 148 亿吨和 200 亿吨二氧化碳，碳排放增长贡献率分别高达 80%、106%。人均 GDP 越高的国家，人均碳排放量也越大。1978—2018 年，我国二氧化碳排放增长了 83 亿吨，总人口由 10 亿人增长到 14 亿人，城市化率从 18% 增长到 60%，经济总量从 0.4 万亿

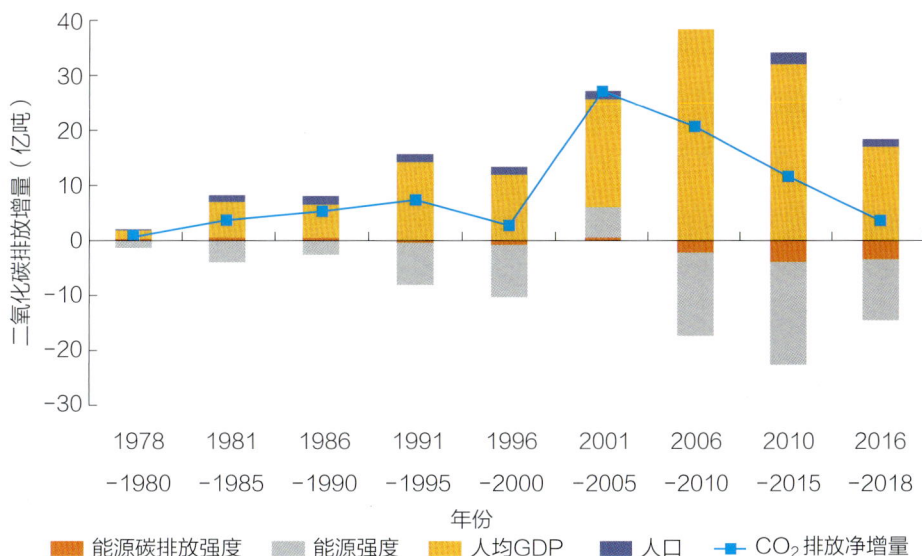

图 2.1 我国碳排放驱动因素分解图[1]

元增长到 90 万亿元，增长了 245 倍[2]，人口和经济增长分别推动碳排放增长 13 亿、146 亿吨，人口与人均 GDP 增长分别贡献了二氧化碳排放增量的 16% 和 176%。我国当前仍未达到"环境库兹涅茨"曲线[3]的收入水平的阈值，碳排放量还存在一定的增长空间[4]。预计到 2060 年，我国总人口约 13.3 亿人[5]，经济总量相比目前翻两番。如果延续现有发展方式，未来我国经济增长和社会发展仍将是碳排放增长的关键驱动因素。图 2.1 给出了过去几十年我国碳排放驱动因素分解情况。

产业结构变化对碳排放和能源消费有重要影响。三次产业结构持续优化。1978 年，我国第一、二、三产业占 GDP 比重分别为 27.7%、47.7% 和 24.6%。2012 年，第三产业比重首次超过第二产业，成为国民经济第一大产业。2015 年，第三产业比重超过总量的一半[6]。第二产业内部结构不断调整优化，重工业发展实现从

❶ Zheng X Q, Lu Y L, Yuan J J, et al., Drivers of change in China's energy-related CO_2 emissions, PNAS，2020，117(1): 29-36。
❷ 国家统计局，中国统计年鉴 2019，北京：中国统计出版社，2019。
❸ "库兹涅茨曲线"是 20 世纪 50 年代诺贝尔奖获得者、经济学家库兹涅茨用来分析人均收入水平与分配公平程度之间关系的一种学说。研究表明，收入不均现象随着经济增长先升后降，呈现倒 U 形曲线关系。后常被用于研究环境与收入的关系，即随着收入增加，各类污染物排放先增加，达峰之后再逐步下降。
❹ 潘家华，"十四五"应对气候变化的目标指向，阅江学刊，2020（1）：20-32。
❺ United Nations, World Population Prospects 2019，2019。
❻ 国家统计局，中华人民共和国 2019 年国民经济和社会发展统计公报，2020。

粗放型增长到集约型增长的转变，钢铁、水泥、建材、化工、玻璃等产量陆续达峰，中高端制造业产值比重持续提升。产业结构的优化升级促使近年来我国碳排放增长趋缓。总体来看，我国正努力实现产业链和价值链从中低端向中高端跨越发展，经济增长由主要靠要素驱动和投资驱动转向创新驱动。未来进一步加快高端制造业和战略性新兴产业发展，将对减少化石能源消费需求和降低碳排放具有重要作用。

能源强度降低是近年来二氧化碳排放下降的主要原因之一。 1990—2018年，全球能源强度下降约 1/4，控制单位 GDP 能耗、提升能源效率抑制了全球碳排放总量增长。1990—2018 年，我国能源强度下降 3/4，降幅远超全球平均水平。2018 年与 1978 年相比，能源强度下降驱动二氧化碳减排 65 亿吨，对二氧化碳减排的贡献为 79%。我国能源强度快速大幅下降，扭转了碳排放过快增长的趋势。能源强度受能源消费总量和经济总量影响，提高能源利用效率、控制能源消费总量增长是实现碳减排的重要手段。我国能效水平正加快接近全球平均水平，但与发达国家还有较大差距，存在进一步下降的空间。同时，我国与欧美发达国家所处发展阶段不同，我国经济和产业转型必须以充足、安全的能源供应保障为前提。未来需要在节能优先、提高能效的同时，充分考虑能源消费总量控制对经济发展的全方位作用和影响。

能源碳排放强度下降的空间尚未充分释放，未来潜力大。 1990—2017 年，全球二氧化碳排放量由 205 亿吨增长到 328 亿吨，增长约 60%，能源碳排放强度基本没有变化，减排作用不明显，减排贡献不足 8%。主因是全球能源消费主要靠化石能源供应，清洁能源占比较低，2019 年，全球清洁能源消费占一次能源消费比重约 19%。我国能源排放强度近年略有下降[1]，2018 年与 1978 年相比，能源排放强度驱动二氧化碳减排 11 亿吨，对二氧化碳减排的贡献为 13%。能源碳排放强度主要受能源结构的清洁化和电气化水平影响。我国清洁能源占一次能源比重仅为 15.3%，低于全球平均水平，仍有很大的发展空间。研究表明，如果一次能源中清洁能源占比达到 70%，即使全球能源消费总量翻一番，能源

---

[1] 资料来源：IEA, https://www.iea.org/data-and-statistics。

碳排放强度相比当前仍可下降 60% 多。

我国碳排放驱动因素分析表明，能源结构清洁化和电气化是最有效和最具潜力的减排途径，能够通过碳排放强度下降加速能源系统脱碳，同时保障经济社会发展对能源消费的需求。

专栏 1　　Kaya 恒等式碳排放分解及应用[1]

Kaya 恒等式是政府间气候变化专门委员会（IPCC）排放情景分析的基础，为评估碳排放和减排策略提供支撑。二氧化碳排放分解的 Kaya 恒等式如下：

$$CO_2 = \frac{CO_2}{E} \times \frac{E}{GDP} \times \frac{GDP}{P} \times P$$

式中，CO_2 是能源活动二氧化碳的总排放量，E 是一次能源消费总量，GDP 是经济总产值，P 是人口总量，$\frac{CO_2}{E}$ 表示能源碳排放强度，$\frac{E}{GDP}$ 表示能源强度，$\frac{GDP}{P}$ 表示人均 GDP。

考虑能源使用全环节排放，可以将能源活动二氧化碳排放分解为能源消费侧的化石能源消费排放和能源生产侧的电力、热力排放的总和，等效计算如下：

CO_2＝能源消费侧二氧化碳排放＋电力/热力部门二氧化碳排放
　　　＝终端能源消费总量×（1－电气化率）×排放因子
　　　　＋电热生产能源总量×（1－清洁化率）×排放因子

通过上式可以看出，清洁化率越高，等效排放因子越低，从而降低能源碳排放强度；电气化率越高，终端能源消费总量越低，从而降低能源强度。能源结构清洁化和电气化是降低能源活动碳排放的主要途径。

---

[1] Zheng X Q, Lu Y L, Yuan J J, et al., Drivers of Change in China's Energy-Related CO_2 Emissions, Proceedings of the National Academy of Sciences, 2020, 117(1):29-36。

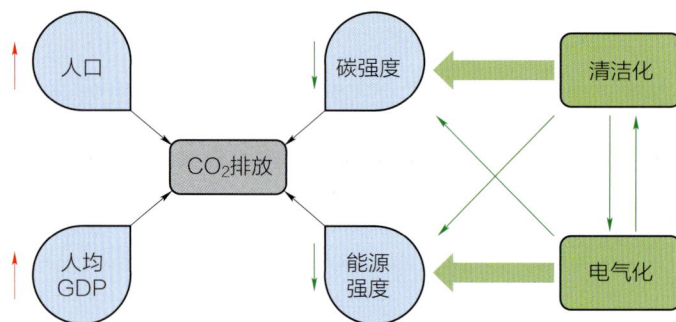

图 2.2　能源活动二氧化碳减排机理框架图

2.1.2　减排机理

　　立足我国国情、发展阶段和现代化建设总体目标，综合考虑碳排放各驱动因素，我国碳减排机理是在保持经济社会可持续发展基础上，以能源生产清洁化、能源消费电气化、能源配置网络化促进降低能源碳排放强度，以产业结构调整、节能和能效提升促进降低化石能源消费量和能源强度，以碳移除、负排放促进净零排放，统筹推进各领域、各区域碳减排，多措并举协同推动实现碳中和目标。

　　能源生产清洁化：加快发展太阳能、风能、水能等零碳清洁能源，实现清洁能源取代化石能源成为主导能源，从源头消除碳排放。

　　能源消费电气化：发挥电能作为清洁、高效、零排放的二次能源重要作用，加速推动终端用能结构向以电为主转变，减少化石能源直接燃烧，提高电气化水平。

　　能源配置网络化：立足我国能源资源与能源需求呈逆向分布特征，建设互联互通的大电网和大市场，促进清洁能源大范围优化配置，大幅提高清洁化和电气化发展规模和速度。

　　能效提升：以化石能源消费总量控制为重点，通过新技术、新工艺应用和产品结构、产业结构优化升级，着力推动经济高质量增长，持续提高能源利用效率，降低能源消费量，促进节能减排。

碳移除、负排放：发展碳捕集与封存（CCS、CCUS）、生物质碳捕集封存等技术，增加森林碳汇，促进全社会碳中和。

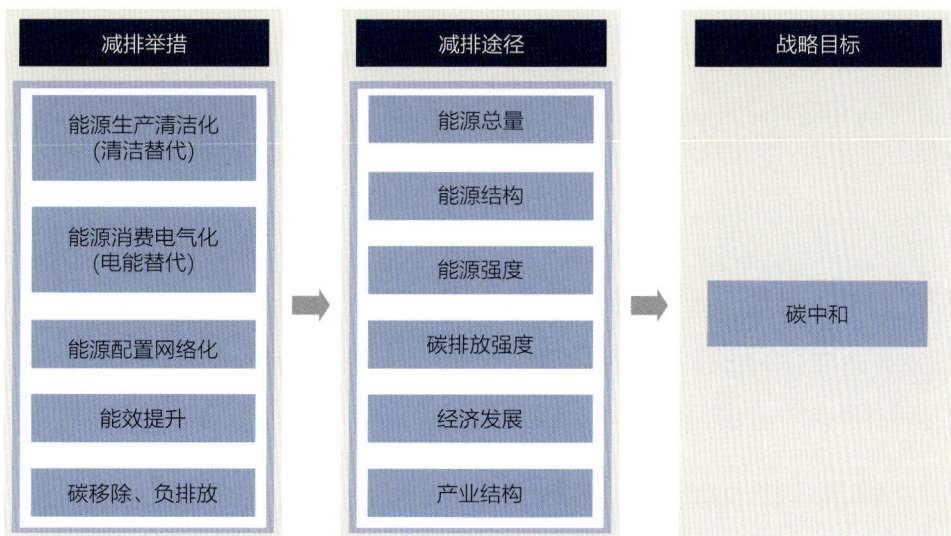

图 2.3　我国碳减排机理框架

2.2　能源互联网

2.2.1　"两个替代"促进碳减排

综合分析碳排放驱动因素和碳中和机理，**以"两个替代"（清洁替代和电能替代）推动能源清洁化和电气化发展，是实现碳中和的根本途径。清洁替代**即在能源供应侧以太阳能、风能、水能等清洁能源替代化石能源发电，加快形成清洁能源为主导的能源供应体系，从能源生产源头减少碳排放。研究表明，要实现碳中和目标清洁能源占一次能源比重需要达到 65% 以上[1,2]。当前，清洁能源发展

---

[1] IEA, World Energy Outlook 2019, 2019. IRENA, Global Renewables Outlook (2020 edition), 2020. DNV GL, Energy Transition Outlook 2019, 2019。

[2] IPCC, Global Warming of 1.5 ℃, 2018。

速度和规模远没有达到碳中和目标的需要。**电能替代**即在能源使用侧以电代煤、以电代油、以电代气、以电代柴，加快形成电为中心的能源消费体系，实现更加清洁、便捷、普惠的能源利用。电能是清洁、高效、零排放的能源，产生的经济价值相当于等当量煤炭的 17.3 倍、石油的 3.2 倍。推动电能替代，提高电气化水平是降低能源消费总量和碳排放的关键。2018 年，我国电能占终端能源消费比重达到 25.5%[1]，研究表明，要实现碳中和目标 2050 年电能占终端能源消费占比需要达到 50%以上[2]。当前，我国电能占终端能源消费比重还需要大幅提升。

电力互联互通是实施"两个替代"的必然要求。我国清洁能源资源丰富，但资源分布不均，且资源与负荷中心呈逆向分布，需要通过电网互联才能实现大规模利用。水电资源主要集中在西南地区，云、贵、川、渝、藏 5 省（自治区、直辖市）水能资源占全国总量的 67%[3]；风能资源主要集中在"三北"地区，风能经济可开发量占全国总量的 90%以上[4]；西部、北部地区太阳能资源占比超过 80%。而我国 70%左右的电力消费集中在东部沿海省份和中部省份，与清洁能源资源富集地相距 1000～4000 千米。风电、光伏发电具有间歇性、波动性，只有融入大电网才能实现大发展。不同品种、不同地区的清洁能源资源存在互补性，可通过电网大范围互联互通，实现清洁能源资源跨时空互补互济，提高清洁能源利用效率，大幅提升清洁能源的安全性、经济性和稳定性[5]。

---

[1] 中国电力企业联合会，中国电气化发展报告 2019，2020。

[2] IPCC, Global Warming of 1.5 ℃, 2018。

[3] 全球能源互联网发展合作组织，新发展理念的中国能源变革转型研究，2020。

[4] Liu C Y, Wang Y, Zhu R, Assessment of the Economic Potential of China's Onshore Wind Electricity, Resources Conservation and Recycling, 2017, (121C):33-39。

[5] Liu L, Wang Z, Wang Y, et al., Optimizing wind/solar combinations at finer scales to mitigate renewable energy variability in China, Renewable and Sustainable Energy Reviews, 2020, (132): 110151。

图 例

水能
80%分布在西南部

风能
80%分布在北部和西北部

太阳能
90%分布在西部和北部

说明：台湾省资料暂缺

图 2.4　我国清洁能源资源与负荷中心逆向分布示意图

特高压骨干网架搭建全国清洁能源资源优化配置平台。特高压输电技术是指交流电压等级 1000 千伏及以上、直流电压等级±800 千伏及以上的输电技术，具备输电容量大、距离远、损耗低、安全性高等显著优势。±1100 千伏特高压输送容量达到千万千瓦级、输电距离达 6000 千米以上，能够实现清洁能源基地与负荷中心全国覆盖，保障清洁能源大范围优化配置。我国率先实现特高压技术的全面突破，建设了以特高压为骨干网架的交直流混合电网，并在巴西等国推广应用。特高压输电的历史性突破使得清洁能源大规模开发、广域配置的趋势加速到来。

2.2.2　中国能源互联网基本内涵

中国能源互联网是实施"两个替代"、实现碳中和的基础平台，是清洁能源在全国范围大规模开发、配置和使用的平台，实质就是"智能电网+特高压电网+清洁能源"，由清洁主导的能源生产系统、互联互通的能源配置系统、电为中心的能源使用系统构成。

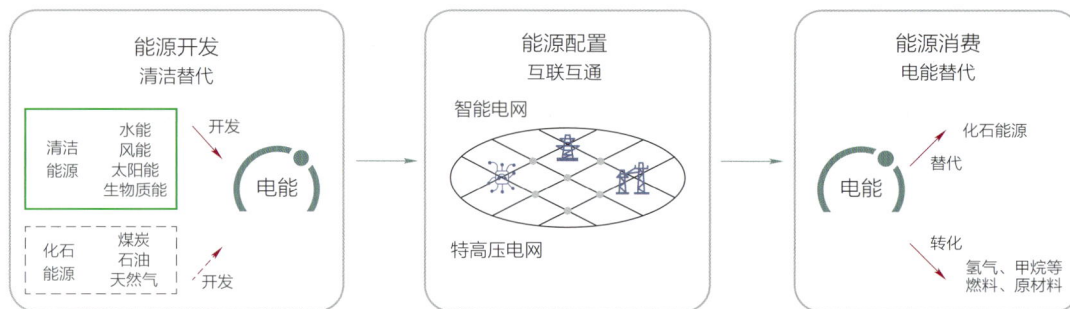

图 2.5　中国能源互联网系统构成示意图

能源开发环节：清洁主导的能源生产系统。将各类清洁能源，通过集中式、分布式等多种方式开发转化为电能，融入汇集到电网。通过实施"清洁替代"，以水能、太阳能、风能等清洁能源替代化石能源，尽早实现清洁能源全面超越化石能源，成为主导能源。

能源配置环节：互联互通的全国传输网络。利用特高压等先进输电技术构建全国骨干网架，发挥输电距离远、容量大、效率高、损耗低、占地省、安全性好等显著优势，实现清洁能源跨区跨国大范围优化配置，保障电力系统安全稳定运行，为清洁能源大规模开发利用提供坚强保障。

能源消费环节：电为中心的能源使用系统。智能电网为各类用户、设备和系统提供灵活可靠、经济便捷的清洁电力，促进形成以电力为核心，电、冷、热、气、动力等多种用能形式高效互补、集成转化的新型能源使用系统。随着电制氢、电制氨等电化学技术发展，电能还能通过多种方式实现有机物合成和原材料生产，氢、氨等将作为深度电能替代的重要形式。未来，电能将基本满足人类对能源的各种需求，化石能源将回归其基本属性，主要作为工业原料和材料使用，为经济社会发展创造更大价值。

2.2.3　中国能源互联网发展基础

中国能源互联网引领全球发展。我国率先提出全球能源互联网理念和方案，率先建设中国能源互联网，率先突破和应用特高压、智能电网等先进技术，清洁能源发电装机规模和装备制造产业全球领先，引领能源互联网全球发展。**特高压技术全球推广**。截至 2019 年年底，我国已建成和在建 32 个特高压工程，已投运和正在建设的特高压线路长度达到 3.8 万千米，为构建中国能源互联网骨干网架奠定坚实基础。特高压技术在印度和巴西等国成功应用。特高压在全球范围加快应用，验证了特高压输电的先进性、安全性、经济性和环境友好性，为加快世界能源转型提供了成熟技术和系统方案。**智能电网技术广泛应用**。我国已建成投运了国家风光储输示范工程等一批世界领先的创新项目，智能电能表安装数量超过 5 亿只，接入充电桩累计达到 80 万个，形成全球覆盖范围最广、技术水平最高的智慧车联网平台。**清洁能源加速发展**。我国清洁能源发电并网装机世界第一，在风电、光伏等清洁能源发电技术和装备制造等方面均处于世界领先地位。2018 年年底，我国清洁能源发电并网装机容量达 7.6 亿千瓦，占总发电装机容量的40%❶，是全球清洁能源并网装机规模最大的国家。其中，水电装机容量为 3.5 亿千瓦，并网风电装机容量达 1.8 亿千瓦，并网太阳能发电装机容量为 1.7 亿千瓦，太阳能集热面积保有量近 5 亿平方米，均为全球第一❷。在规模经济和技术进步推动下，清洁能源成本大幅下降，具备了平价上网条件，未来成本还将进一步降低，为实现碳中和奠定重要基础。

全球能源互联网为落实《巴黎协定》提供全球碳中和方案。中国能源互联网是全球能源互联网的重要组成。全球能源互联网是清洁能源在全球范围内大规模开发、输送和使用的平台，总体可按国内互联、洲内互联和全球互联三个阶段推进，到 2050 年基本建成。全球能源互联网通过推动清洁能源和电网互联快速发展，能够推动将 2030 年各国的国家自主贡献目标提升 3 倍，能够实现全球二氧化碳总排放下降约一半，加快实现全社会碳中和目标，为实现《巴黎协定》温控目标提供现实可行、技术先进、经济高效、全球共赢的中国方案❸。

---

❶ 数据来源：国家能源局。
❷ 中国能源经济研究院，中国清洁能源发展报告，2019。
❸ 全球能源互联网发展合作组织、国际应用系统分析研究所、世界气象组织，全球能源互联网应对气候变化研究报告，北京：中国电力出版社，2019。

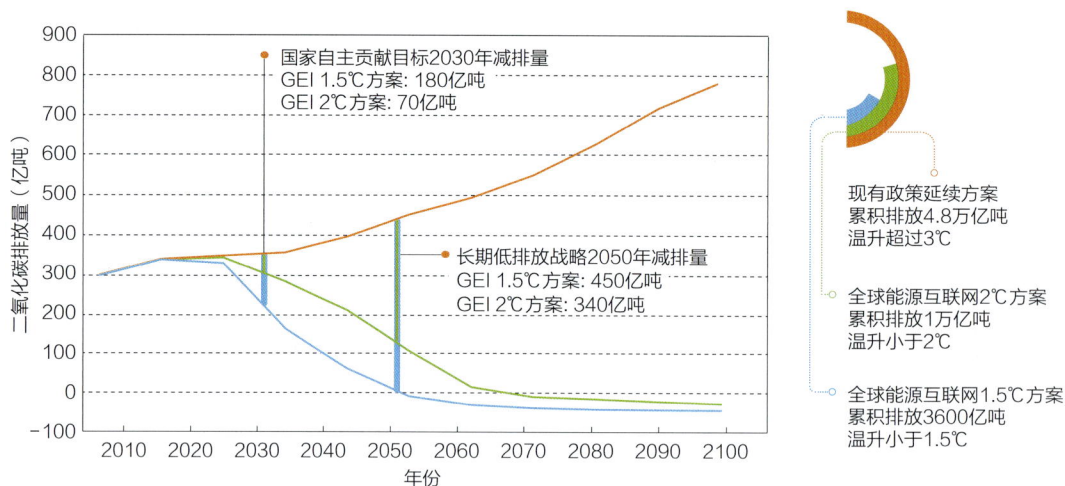

图 2.6　全球能源互联网实现《巴黎协定》目标

2.3　碳中和思路

碳中和是实现我国现代化建设目标的重要内容，需要立足国情、发展阶段和碳排放机理，科学研究制订碳中和战略思路和实施路径。

2.3.1　基本原则

统筹碳减排与安全发展。坚持新发展理念，树立全球视野、战略眼光，既要加快促进碳减排、控制化石能源消费，又要保障经济发展的能源需求；既要加快绿色低碳转型发展，又要保证能源安全、稳定、经济供应，加快实现能源发展、经济增长与碳排放脱钩，落实碳中和战略目标。

统筹近期目标与长远规划。坚持立足全局、远近结合谋划碳达峰、碳中和目标和方向，基于当前发展实际，紧密结合碳达峰目标，统筹谋划碳中和战略路径，推动各阶段碳减排相互衔接、相互促进。

统筹抓好全局与突出重点。加强经济社会发展和能源变革转型的整体规划设计，以成本更低、效益更大方式确定碳中和方案，突出重点行业和重点区域碳减排带动力，整体推进产业发展和能源变革，推动经济社会全面绿色低碳转型。

统筹市场驱动与政策引导。发挥市场在资源配置中的决定性作用，建立促进碳减排的市场平台和高效机制，高度重视战略规划的引导作用和政策措施的保障作用，促进技术、标准、机制、模式创新，加快形成我国绿色低碳发展新格局。

2.3.2　总体思路

我国实现碳中和目标的总体思路：深入贯彻习近平总书记重要讲话和指示精神，围绕实现"两个一百年"奋斗目标和中华民族伟大复兴的中国梦，坚持统筹推进"五位一体"总体布局、协调推进"四个全面"战略布局，全面贯彻新发展理念，深入落实"四个革命、一个合作"能源安全新战略，坚持清洁低碳可持续发展方向，以中国能源互联网为基础平台，大力实施"两个替代"（能源开发实施清洁替代、能源使用实施电能替代），加快形成以清洁能源为基础的经济产业体系和绿色生产生活方式，实现"双主导""双脱钩"的新格局，即能源生产清洁主导、能源使用电能主导、能源发展与碳脱钩、经济发展与碳排放脱钩，推动以"尽早达峰、快速减排、全面中和"三个阶段实现碳中和，促进经济社会环境能源协调发展。

2.3.3　综合方案

实现碳中和是一项挑战巨大的系统工程，需要发挥举国体制优势，推动经济、社会、环境、能源各领域全方位变革。报告围绕碳中和战略目标，基于碳中和总体思路，形成以中国能源互联网为基础平台的全社会、各领域、能源系统和电力系统碳中和实现路径；提出清洁发展跨越行动、化石能源转型行动、能源互联互通行动、全面电能替代行动、产业转型升级行动、能效综合提升行动、零碳社会建设行动、生态治理协同行动 8 大重点行动；提出清洁替代技术、电能替代技术、能源互联技术、能效提升技术、碳捕集利用与封存技术、负排放技术 6 大领域技术；提出加强国家战略顶层设计、加快构建现代能源体系、实施技术产业创新布局、加快建设全国电碳市场、推动全社会零碳转型、推广气候治理中国方案 6 大政策机制，形成实现我国碳中和的综合方案，为全社会、各行业凝聚共识、务实行动提供行动路线图。

图 2.7　我国实现碳中和目标的综合方案

3 基于中国能源互联网的碳中和实现路径

　　根据我国碳中和总体思路，综合研判我国经济社会、生态环境、能源电力发展趋势，运用综合评估模型和能源电力规划方法，研究提出以建设中国能源互联网为基础平台实现全社会碳中和的实现路径。总体按照尽早达峰、快速减排、全面中和三个阶段实施，我国能够实现 2030 年前碳达峰、2060 年前碳中和目标，以能源生产转向清洁主导、能源使用转向电为中心，保障能源供应安全，实现经济社会环境能源协调发展，并对全球实现《巴黎协定》目标作出重要贡献。

3.1　主要研究方法

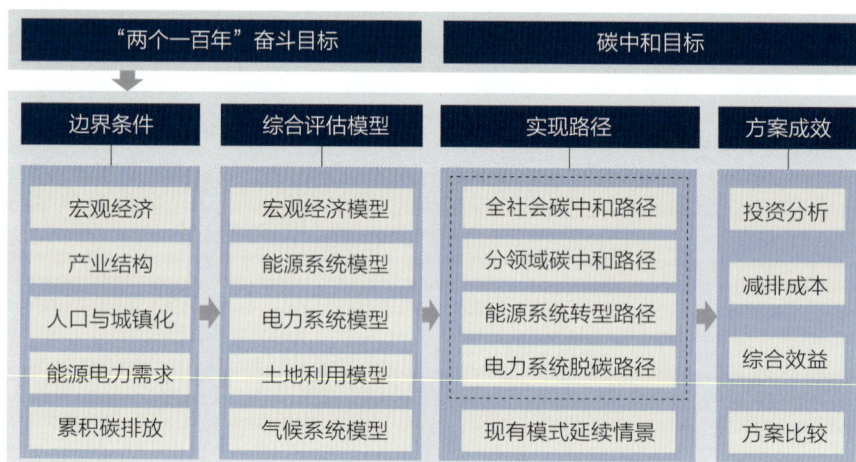

图 3.1　碳中和实现路径研究总体框架图

　　采用综合评估模型 MESSAGEix-GLOBIOM[1]开展全社会碳中和最优路径量化研究。该模型以能源系统规划为核心，集成经济贸易系统、气候系统和土地利用系统等模型，并与电力系统规划模型进行衔接，量化提出以减排成本小、综合效益大为目标，技术可行、经济高效的我国碳中和实现路径。报告从投资需求、

[1] MESSAGEix-GLOBIOM 模型是由奥地利国际应用系统分析研究所（IIASA）开发，是政府间气候变化专门委员会（IPCC）、世界能源理事会（WEC）、德国全球变化咨询委员会（WBGU）、欧洲委员会，以及最近的全球能源评估（GEA）广泛应用的核心数据支撑与模型工具。

减排成本、综合效益等方面对实现路径进行分析，并根据我国现有能源发展方式和已有政策设计现有模式延续情景作为对照情景。

1. 碳中和实现路径

2030 年前碳达峰：根据"两个一百年"奋斗目标的经济社会发展需求，系统研究产业结构调整、能源需求变化、能源结构转型、电力系统综合方案，并考虑我国的国家自主贡献目标，深入分析各领域碳排放趋势，得到 2030 年前全社会碳排放达峰的经济、社会、能源、电力发展图景，提出重点领域和行业实现"尽早达峰"的具体举措和政策建议。

2060 年前碳中和：基于中国能源互联网的碳中和实现路径（以下简称"碳中和实现路径"），以我国 2030 年前碳达峰方案为基础，以中长期经济社会发展、能源电力需求和累积碳排放预测为边界条件，从全社会、分领域、能源系统、电力系统等四个维度分析提出碳中和实施路径。

2. 现有模式延续情景

现有模式延续情景即延续当前能源系统发展趋势的碳排放情景，化石能源仍在能源系统中占主导地位，用于评估构建中国能源互联网实现碳中和对我国绿色低碳发展的重要作用和影响。

3.1.1　综合评估模型

基于国际主流综合评估模型 MESSAGEix-GLOBIOM，以能源系统为核心，集成经济贸易系统、气候系统、资源环境系统，在模型中增加跨区域电力互联的运算模块，实现对模型各区域之间电力交易和传输的模拟，能够分析我国碳中和路径以及对全球实现 2℃和 1.5℃温控目标的减排贡献，提出技术可行、经济高效的减排方案，并量化评估碳中和实现路径的技术经济性。

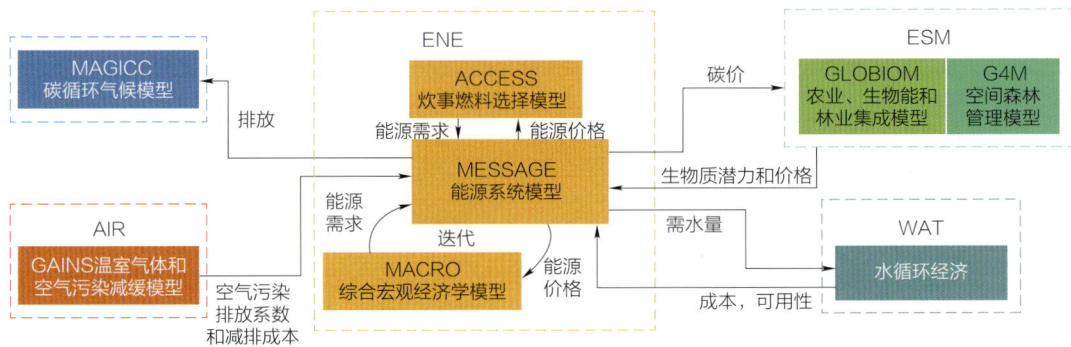

图 3.2　MESSAGEix-GLOBIOM 综合能源评估模型框架图❶

3.1.2　能源系统模型

能源系统研究基于终端能源分领域、分环节的多种能源技术应用与推广，从我国宏观经济社会发展出发，综合考虑现有能源利用技术和创新技术应用，设计提出能源需求规划方案❷，通过与 MESSAGEix-GLOBIOM 模型耦合，优化计算能源与经济发展相互匹配、经济效益最佳的能源规划方案。

MESSAGE 模型对全球和中国能源系统进行全局优化，以满足供能需求和成本最小为目标，以气候变化、资源潜力、能源供需平衡、生产能力和能源系统存量变化为约束条件，综合考虑资源开采、中间转换、终端用能各个环节，优选工业、交通、建筑领域用能技术效率和成本参数，形成能源系统技术组合方案❸。

---

❶ 全球能源互联网发展合作组织、国际应用系统分析研究所、世界气象组织，全球能源互联网应对气候变化研究报告，北京：中国电力出版社，2019。

❷ 侯方心，张士宁，赵子健，等，实现《巴黎协定》目标下的全球能源互联网情景展望分析，全球能源互联网，2020，3(1)：34-43。

❸ Huppmann D, Gidden M, Fricko O, et al., The MESSAGEix Integrated Assessment Model and the ix modeling platform (ixmp): An open framework for integrated and cross-cutting analysis of energy, climate, the environment, and sustainable development, Environmental Modelling & Software, 2019, 112: 143-156.

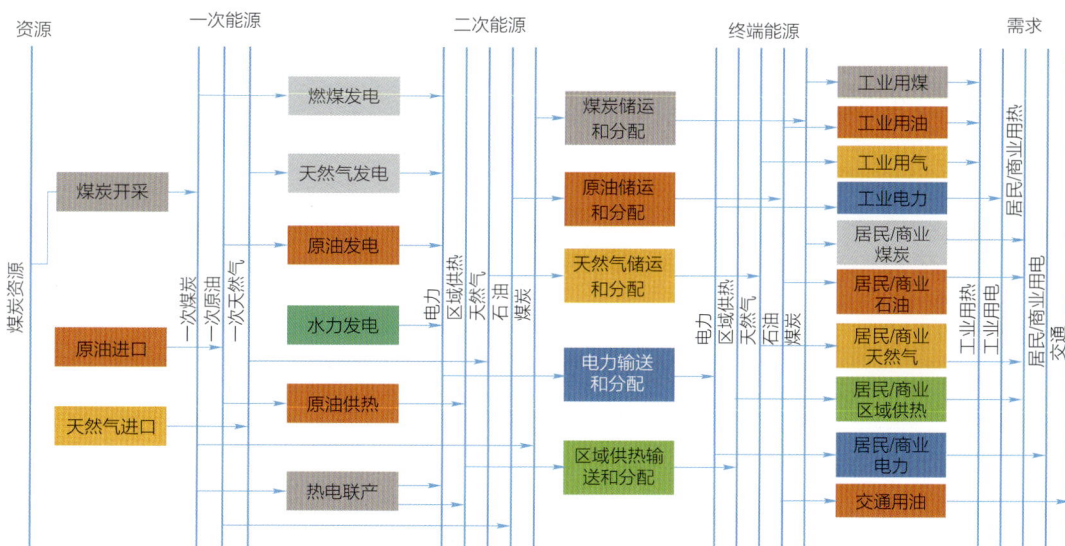

图 3.3　MESSAGEix-GLOBIOM 能源系统框架图

3.1.3　电力系统模型

电力系统研究是基于电力系统规划模型，统筹考虑区域资源禀赋和清洁能源基地，基于电力需求预测，以电力电量平衡、系统运行、碳排放为约束，量化分析经济效益最佳的我国电力互联方案，通过电力供应经济性、输电技术先进性、系统运行可靠性综合评估，实现电力系统优化设计。

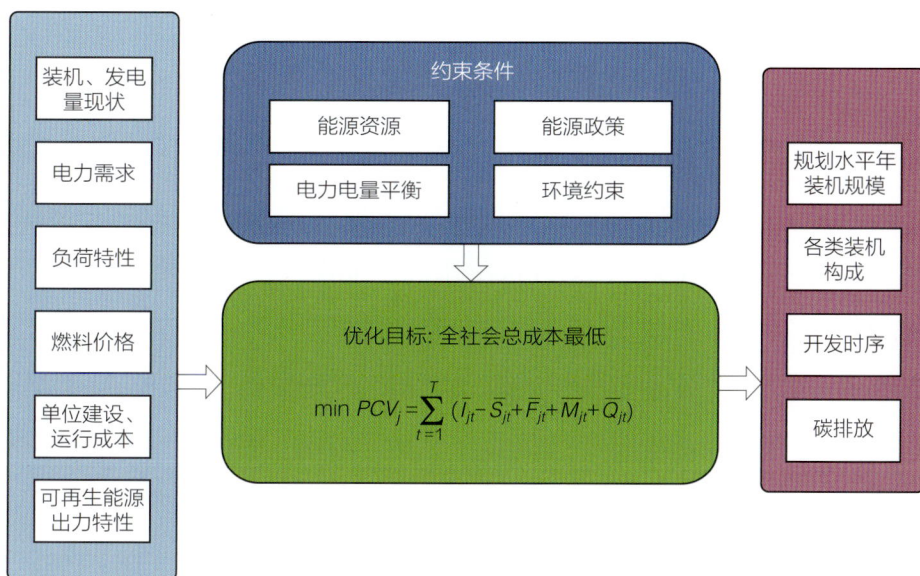

$$\min PCV_j = \sum_{t=1}^{T} (\overline{I}_{jt} - \overline{S}_{jt} + \overline{F}_{jt} + \overline{M}_{jt} + \overline{Q}_{jt})$$

图 3.4　电力规划框架图[1]

---

[1] 全球能源互联网发展合作组织，全球能源互联网骨干网架研究与展望，北京：中国电力出版社，2019。

3.2 经济社会发展预测

综合研判未来 40 年我国宏观经济增长、产业结构升级、人口和城镇化发展、能源电力消费变化以及实现《巴黎协定》目标的碳排放空间等关键指标，作为碳中和实现路径的主要边界条件。

当前，我国人均国内生产总值突破 7 万元，经济运行总体平稳，经济结构持续优化，在新发展理念的引领下，稳步转向高质量发展阶段。到 2035 年，我国基本实现社会主义现代化，经济实力、科技实力、综合国力将大幅跃升，经济总量和城乡居民人均收入将再迈上新的大台阶，广泛形成绿色生产生活方式。2035 年到 21 世纪中叶，我国将建成富强民主文明和谐美丽的社会主义现代化强国，实现全民共同富裕。

3.2.1 宏观经济

2020—2035 年，我国经济发展将进入增速动力转换的关键期。供给方面，进一步由要素驱动转向创新驱动。随着现代财税金融体制和高标准市场体系的建设健全，社会研发投入和科技资本投入力度不断加大，要素市场化配置水平将不断提高，劳动生产率水平稳步增长，全要素生产率提升将成为经济增长率贡献的重要因素。需求方面，由依赖外需拉动向内需和外需协调互促、共同拉动的格局转变。我国是全球最大的消费市场，拥有 4 亿中等收入群体。2019 年，居民消费占 GDP 的比重仅为 38.8%，上升潜力巨大，消费将持续成为经济增长的第一拉动力。固定资产总体增速将逐渐放缓，传统基建和钢铁、水泥、有色等过剩产能领域的投资空间逐渐饱和，特高压输电、第五代移动通信、工业互联网、大数据中心等新型基础设施将成为重点投资领域。综合分析，2020—2035 年，我国经济增速将处于平稳下降趋势，人均国内生产总值达到中等发达国家水平，中等收入群体显著扩大，基本形成社会主义现代化经济体系。

2035 年到 21 世纪中叶，在经济高质量发展取得阶段性成效的基础上，我国经济将持续保持稳健的增长。在此期间，新型基础设施体系全面建成，形成能源网、交通网、信息网"三网融合"格局[1]，助力我国在新一轮科技创新周期和产业革命浪潮中占据先机。数字经济和实体经济深度融合，为工业生产、社会生活和公共管理赋能赋智，进一步提升经济发展效率，创造出大量新业态和新模式，平台经济、共享经济、绿色经济走向成熟。

综合考虑资本、劳动、人力资本以及全要素生产率等生产要素的增长趋势，参照国内外对经济增速预测的相关研究，预计"十四五"时期平均经济增速将达到 5.3%。2025—2035 年，经济增速将逐步过渡到中速（4%以上）增长阶段。预计到 2035 年，GDP 总量达到 208 万亿元，实现较 2019 年经济总量翻一番的远景目标。2050 年和 2060 年 GDP 分别达到 338 万亿元和 435 万亿元。

表 3.1　2020—2060 年经济增速预测

年份	2021—2025	2026—2030	2031—2035	2036—2040	2041—2045	2046—2050	2051—2055	2056—2060
GDP 平均增速（%）	5.3	4.6	4.2	3.8	3.2	2.9	2.7	2.4

3.2.2 产业结构

2020—2035 年，我国将由工业化后期阶段向后工业化阶段过渡。第三产业在国民经济中的比重和对经济增长的贡献率将持续增加，生产性服务业向专业化和价值链高端延伸，与先进制造业、农业深度融合。生活性服务业向高品质和多样化升级，健康、养老、育幼、文化等服务业蓬勃发展。总体

---

[1] 全球能源互联网发展合作组织，三网融合，北京：中国电力出版社，2020。

形成高度发达的现代服务业体系。第二产业比重稳中趋降，内部结构不断优化升级，劳动力生产率水平将进一步提升。其中，纺织等传统劳动密集型行业向东南亚、南亚和非洲国家转移，钢铁、化工、水泥、有色等高载能制造业产能格局随供给侧改革不断优化，存量规模稳步降低，并向低排放和清洁化转型。在创新驱动和制造强国战略的引领下，新一代信息技术、新能源汽车、新材料等高技术制造业和战略性新兴产业将保持快速增长，成为第二产业发展的新引擎，并在重点制造业领域形成自主可控、安全高效的产业链体系和具有全球影响力的先进制造业集群，高端装备、原材料和消费品在全球影响力不断扩大，占出口的比重稳步提升。预计 2035 年，第一、第二、第三产业比重为 5:36:59。

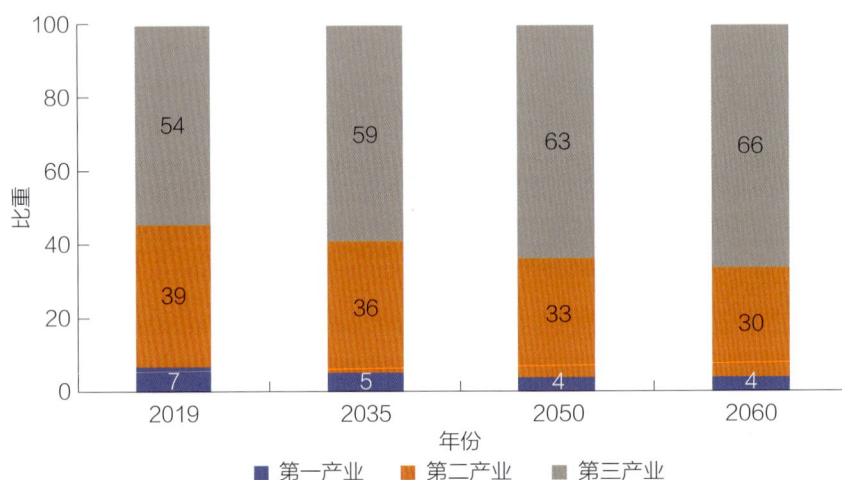

图 3.5　我国产业结构中长期展望

2035 年到 21 世纪中叶，我国将步入后工业化时期，向服务经济和知识经济时代过渡。第三产业将在我国经济中占据支配性地位，服务业数字化水平全球领先，服务贸易规模持续扩大，一批具有全球影响力的高端服务业中心城市和"中国服务"品牌将主导和引领全球价值链。第二产业全面完成由机械化向智能化的转型升级，在第四次工业革命中保持领跑地位，智能制造、产业互联网等数字化的新业态、新模式壮大成熟，部分先进制造业逐步转向第三产业，呈现知识密集型服务业特征。结合当前发达国家产业结构变化的历史趋势以及主流研究机构的预测情况，预计 2050、2060 年我国第一、第二、第三产业比重分别为 4∶33∶63、4∶30∶66。

3.2.3　人口与城镇化

1. 人口发展趋势

人口是影响经济社会可持续发展的全局性因素。把握我国中长期人口发展的变动趋势，对于综合研判未来经济社会发展具有重要意义。很多机构和学者对中国人口未来发展趋势进行了预测，根据国务院发布的《国家人口发展规划（2016—2030年）》预测，2021—2030 年我国人口发展将进入转折期，人口总规模增长惯性减弱，总人口于 2030 年前后达到峰值 14.5 亿人，同时劳动力老化程度加重，少儿比重呈下降趋势。联合国 2019 年发布的《世界人口展望》指出，在中方案情景下，中国人口将在 2031 年达到峰值，约 14.64 亿人。本研究采用联合国《世界人口展望 2019》中方案人口数据，2035 年总人口约为 14.61 亿人，2060 年降至 13.33 亿人。

表 3.2　中国 2020—2050 年人口发展预测情况

机构	联合国（中）	联合国（高）	联合国（低）	中国发展基金会	社科院
峰值年份	2031	2044	2026	2030	2029
峰值人口（亿人）	14.64	15.17	14.47	14.2～14.4	14.42
2035 年人口（亿人）	14.61	15.09	14.13	—	—
2050 年人口（亿人）	14.02	15.14	12.93	13.6～13.8	13.64
2060 年人口（亿人）	13.33	15.06	11.75	—	—

2. 城镇化

新型城镇化是扩大内需的最大潜力，也是下一轮我国经济发展的主要驱动力。2019 年，我国城镇化率已经超过 60%，但相比发达国家还存在较大差距。《中共中央关于制定国民经济和社会发展第十四个五年规划和二〇三五年远景目标的建议》提出，要完善新型城镇化战略，推进以人为核心的新型城镇化。到2035 年，将基本实现新型工业化、信息化、城镇化、农业现代化，建成现代化经济体系。

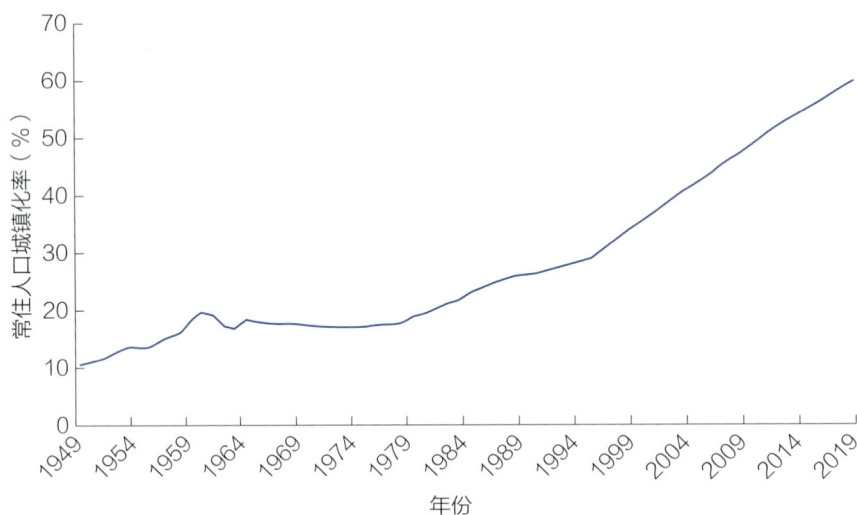

图 3.6　1949—2019 年中国常住人口城镇化率

结合对中国中长期经济发展的预测，预计"十四五"将开启新一轮新型城镇化建设，城镇化率将维持较快增速，预计 2035 年城镇化率达到 68%～73%；2035 年后城镇化率增速趋缓，2050 年达到 78%～81%，2060 年达到 83%～85%。

3.2.4　能源消费与碳排放

我国能源消费将持续增长，2035 年后进入平台期。能源是保障经济社会发展的基础，根据对宏观经济、产业结构、人口与城镇化水平的预测，我国未来能源消费将经历先持续增长、再稳中有降的发展阶段。2019 年，我国一次能源消费总量为 48.6 亿吨标准煤[1]，预计 2035 年达到峰值，约 61 亿吨标准煤，2050、2060 年一次能源消费总量在 60 亿吨标准煤左右。2035、2060 年我国人均能源消费达到 4.2 吨标准煤和 4.4 吨标准煤水平。2019 年，能源消费弹性系数为 0.54，之后呈逐渐下降趋势。2021—2025 年降至 0.42；2031—2035 年降至 0.08；2035 年以后能源消费弹性系数变为负值，能源消费与经济增长逐渐脱钩，能源消费量进入平台期后稳中有降。

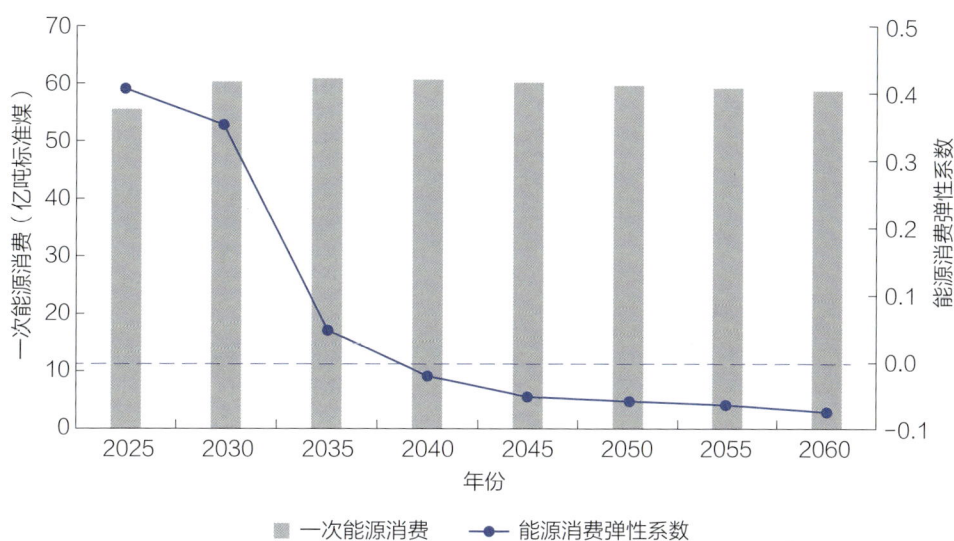

图 3.7　我国一次能源消费总量及能源消费弹性系数

我国全社会用电量持续增长，保障产业转型升级。电力是新型产业的主要用能形式。随着现代服务业和先进制造业的发展，我国电力消费将不断增加。2019 年全社会用电量为 7.25 万亿千瓦时，预计 2030、2050、2060 年全社会用电量将分别增至 10.7 万亿、16 万亿、17 万亿千瓦时左右。2035、2060 年我国人均用电量分别达到 8400 千瓦时和 1.27 万千瓦时。2021—2025 年电力消费弹性系数为 0.85；2031—2035 年降至 0.66；21 世纪中叶以后降至 0.2 左右。电力消费促进经济发展和产业结构转型，全社会用电量持续增加。

我国实现碳达峰与碳中和目标综合考虑了中国落实《巴黎协定》目标的累积碳

---

[1] 国家统计局. 中华人民共和国 2019 年国民经济和社会发展统计公报，2020。

排放。根据政府间气候变化专门委员会（IPCC）评估报告，实现全球 1.5℃温控目标，未来全球碳排放空间约为 5700 亿吨二氧化碳[1]，实现全球 2℃温控目标，未来全球碳排放空间约为 1 万亿吨二氧化碳。根据公平、效率及能力等综合原则[2]确定我国 2018—2100 年累积二氧化碳排放。

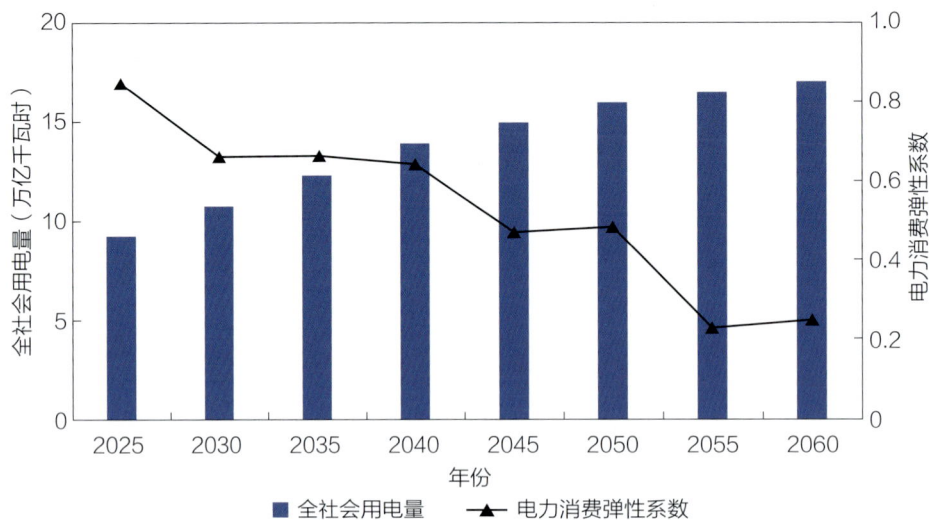

图 3.8　我国全社会用电量及电力消费弹性系数

表 3.3　碳中和实现路径主要宏观发展指标

路径	2019 年	2030 年	2050 年	2060 年
人口（亿人）	14.00	14.64	14.02	13.33
GDP（万亿元）	99	169	338	435
三产结构	7:39:54	6:37:57	4:33:63	4:30:66
城镇化率（%）	61	66~68	78~81	83~85
一次能源消费总量（亿吨标准煤）	48.6	60	60	59
全社会用电量（万亿千瓦时）	7.25	10.7	16	17

---

[1] 资料来源：IPCC, Global Warming of 1.5 ℃, an IPCC Special Report on the Impacts of Global Warming of 1.5 ℃ above Pre-industrial Levels and Related Global Greenhouse Gas Emission Pathways, in the Context of Strengthening the Global Response to the Threat of Climate Change, Sustainable Development, and Efforts to Eradicate Poverty, Cambridge, UK; New York, USA: Cambridge University Press, 2018. 本报告采用 67%概率实现全球 1.5℃温控目标对应的碳预算。

[2] 王利宁，陈文颖，全球 2℃温升目标下各国碳配额的不确定性分析，中国人口资源与环境，2015，25（6）：30-36。

3.3 碳中和实现路径

　　全社会碳中和是指人类从大气中移除的二氧化碳抵消人类活动造成的二氧化碳排放。实现全社会碳中和需要统筹考虑不同行业领域，主要包括能源活动、工业生产过程、土地利用变化和林业（LULUCF）、废弃物处理等。根据国家气候变化第二次两年更新报告，2014 年，我国二氧化碳排放总量为 91.24 亿吨，其中能源活动排放 89.25 亿吨，工业生产过程排放 13.3 亿吨，土地利用变化和林业排放−11.51 亿吨，废弃物处理排放 0.2 亿吨。

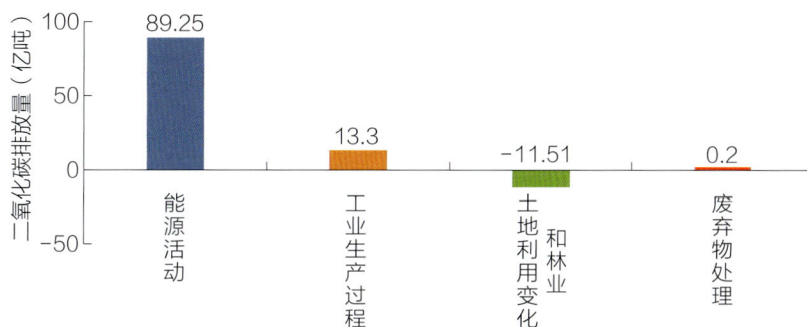

图 3.9　2014 年我国分领域二氧化碳排放量[1]

3.3.1 全社会碳中和路径

　　我国实现全社会碳中和总体按照**尽早达峰、快速减排、全面中和**三个阶段统筹实施。

　　第一阶段：尽早达峰阶段（2030 年前）。以化石能源总量控制为重点，实现 2028 年左右全社会碳达峰，峰值控制在 115 亿吨左右。能源活动碳排放同步达峰，峰值为 102 亿吨左右。2030 年，碳强度相比 2005 年下降 80%，提前兑现我国《巴黎协定》自主减排承诺[2]。全社会及能源活动碳排放达峰的核心是控制

---

[1] 中国政府，中华人民共和国气候变化第二次两年更新报告，2018。

[2] 中国政府，中国国家自主贡献，2016。

煤炭消费达峰，关键是实现煤电规模达峰和布局优化，新增能源需求主要由清洁能源满足。2030 年前我国实现碳达峰，将进一步强化自主减排贡献（NDCs）目标，尽早达峰、控制峰值将为实现碳中和目标、引领低碳转型占据更大主动。

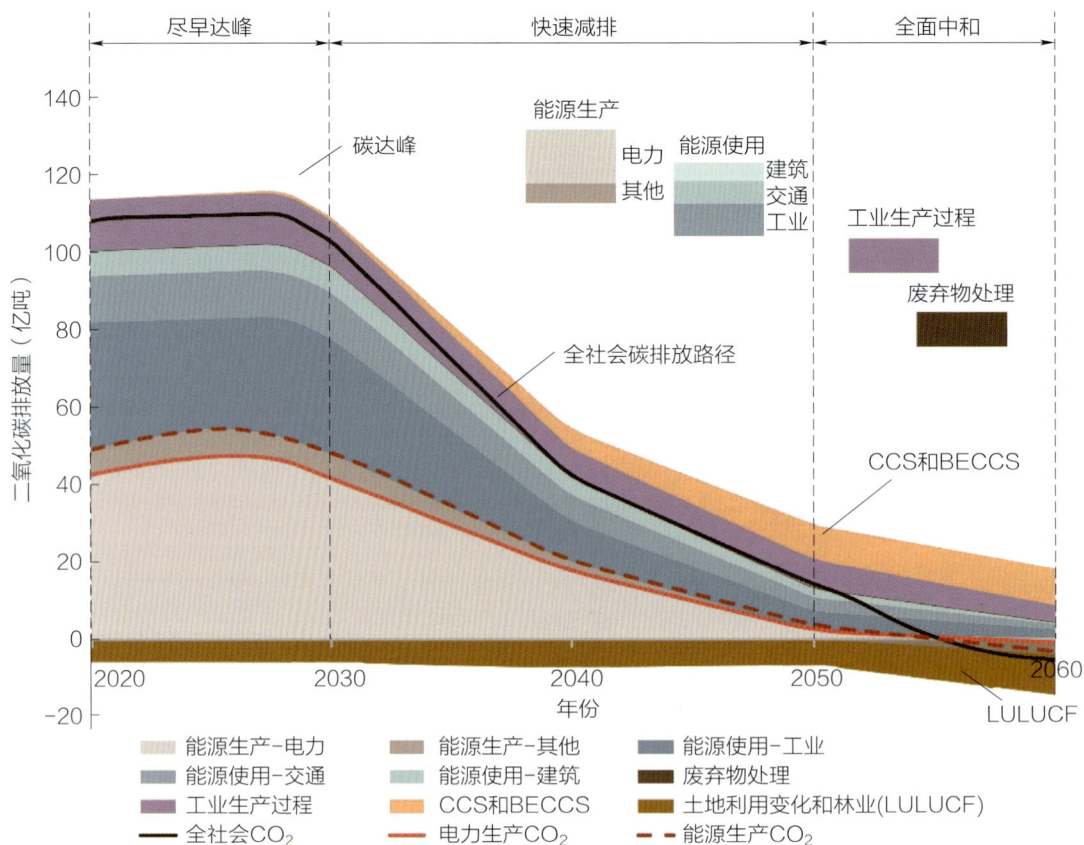

图 3.10　碳中和实现路径全社会碳排放路径

第二阶段：快速减排阶段（2030—2050 年）。以全面建成中国能源互联网为关键，2050 年，电力系统实现近零排放，全社会碳排放下降 90%，标志我国碳中和取得决定性成效。2050 年，全社会碳排放降至 13.8 亿吨，相比碳排放峰值下降约 90%，人均碳排放降至 1.0 吨；2030—2050 年，能源强度下降约50%。全社会快速减排核心在于清洁能源增长速度和发展规模，关键是建设中国能源互联网，实现清洁能源优化配置，加速能源系统脱碳。2050 年，全面建成中国能源互联网是全社会实现近零排放的前提基础，对于实现全社会碳中和具有基础性、关键性作用。

第三阶段：全面中和阶段（2050—2060 年）。以深度脱碳和碳捕集、增加林业碳汇为重点，能源和电力生产进入负碳阶段，到 2055 年左右实现全社会碳中和。2060 年，能源活动排放 9.6 亿吨、工业生产过程排放 4.3 亿吨、土地利用变化和林业碳汇 10.5 亿吨、碳移除约 9.4 亿吨，全社会净排放为−5.8 亿吨。通过保持适度规模负排放，控制和减少我国累积碳排放量。

3.3.2 分领域碳中和路径

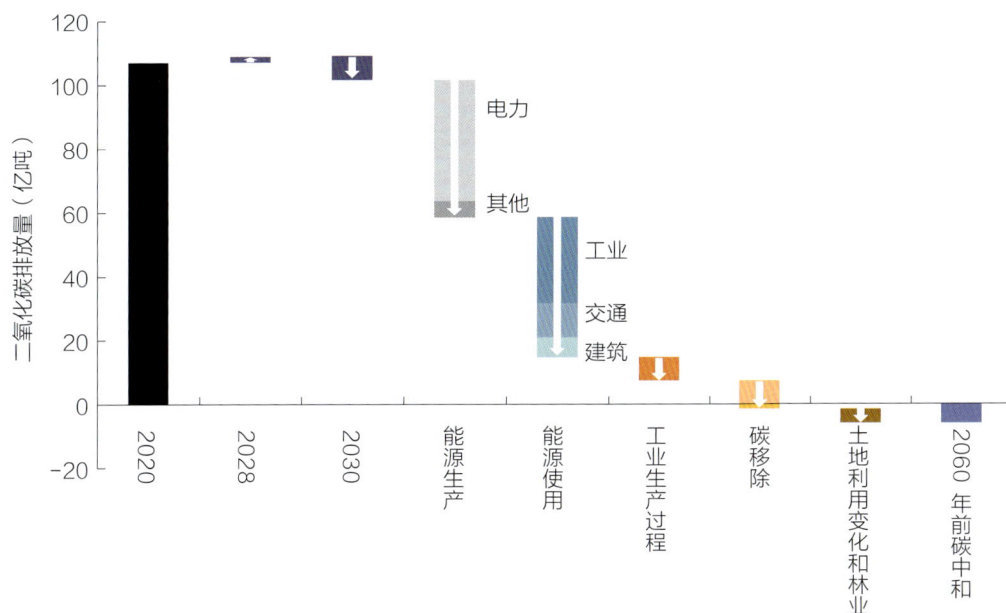

图 3.11 碳中和实现路径分领域减排路径

实现全社会碳中和需要统筹考虑不同领域，主要包括能源活动、工业生产过程、土地利用变化和林业（LULUCF）、废弃物处理等。其中，能源活动可以通过碳移除（CCS、BECCS 和 DAC）技术实现部分减排。2060 年与 2030 年相比，能源活动（不包含 CCS 和 BECCS）减排 87 亿吨，占比超过 80%，工业生产过程减排 7.4 亿吨，土地利用变化和林业减排 4.6 亿吨，能源活动中的碳移除技术减排 8.7 亿吨。

能源活动碳排放（不含碳移除）： 主要通过能源生产清洁替代、能源使用电能替代实现碳减排。2014 年，中国能源活动排放量占二氧化碳总排放量（不包括 LULUCF）的 86.9%[1]。到 2028 年左右，能源活动碳排放达到峰值 102.3 亿吨，2030 年降至 96.7 亿吨，2060 年进一步降至 9.6 亿吨。能源生产环节清洁替代推动电力生产快速脱碳，电力生产 2050 年前实现近零排放，净零时间早于全社会碳中和时间。

工业生产过程碳排放： 主要通过发展原材料或燃料替代技术，调整优化技术和工艺路线，提高能源系统利用效率，研发创新低碳产品等，实现钢铁、水泥、建材、化工等行业生产工艺过程中的二氧化碳减排。2014 年，工业生产过程碳排放约 13.3 亿吨 [2]，2030 年工业生产过程排放 [3] 降至 11.7 亿吨，2050、2060 年分别降至 7.4 亿、4.3 亿吨。

土地利用变化和林业碳汇： 主要通过植树造林吸收大气中二氧化碳或利用土地实现固碳。2030 年，土地利用变化和林业提供负排放 5.9 亿吨，2050、2060 年，进一步发挥清洁能源生态修复和增汇作用，碳汇量增至 8.0 亿吨和 10.5 亿吨。

碳移除（CCS、BECCS 和 DAC）： CCS 和 BECCS 是主要碳移除技术手段，主要用于电力生产及燃料生产过程中。2030 年，碳捕集及封存等碳移除技术在能源活动中的碳移除量约 0.7 亿吨。2050 年，碳移除技术进一步成熟。2050、2060 年，碳移除量分别增至 8.9 亿、9.4 亿吨。其中，负排放量分别为 4.0 亿、4.3 亿吨。

---

[1]，[2] 数据来源：中华人民共和国气候变化第二次两年更新报告，2018。

[3] 工业生产过程中碳捕集及封存（CCS）已考虑在内，后续 CCS 碳捕集量是指能源活动碳捕集及封存量，不含工业生产过程中碳捕集量。

表3.4　全社会二氧化碳排放及构成　　　　　　　单位：亿吨

构成	2028 年	2030 年	2050 年	2055 年	2060 年
能源活动	102.3	96.7	23.1	13.4	9.6
工业生产过程	13	11.7	7.4	5.4	4.3
土地利用变化和林业（LULUCF）	-5.9	-5.9	-8	-9.8	-10.5
废弃物处理	0.2	0.2	0.2	0.2	0.2
碳移除（CCS、BECCS 和 DAC）	-0.6	-0.7	-8.9	-9.2	-9.4
全社会净排放	109	102	13.8	0	-5.8

3.3.3　能源系统转型路径

　　能源活动碳排放主要包括能源生产和能源使用过程中的碳排放。在能源生产中，利用碳捕集及封存（CCS 和 BECCS）技术能够实现部分碳排放移除。能源活动的脱碳关键是依靠能源供应转向清洁主导、能源使用转向电为中心减少化石能源消费。

　　建设中国能源互联网实现碳中和目标，将加快推动能源系统绿色低碳转型，在未来 20～30 年构建高度清洁化、高度电气化、广域互联化和能源充足供应的现代能源体系。**能源总量充足供应，** 一次能源消费总量稳定在 60 亿吨标准煤左右，全社会用电量增至 17 万亿千瓦时，电力消费总量持续增加。**能源生产清洁化，** 生产侧清洁能源占比翻两倍，清洁能源消费占一次能源消费比重从 2030 年的 31% 增至 2060 年的 90%。**能源消费电气化，** 消费侧电气化水平翻 1 倍，电能占终端能源消费比重从 2030 年的 33% 增至 2060 年的 66%。

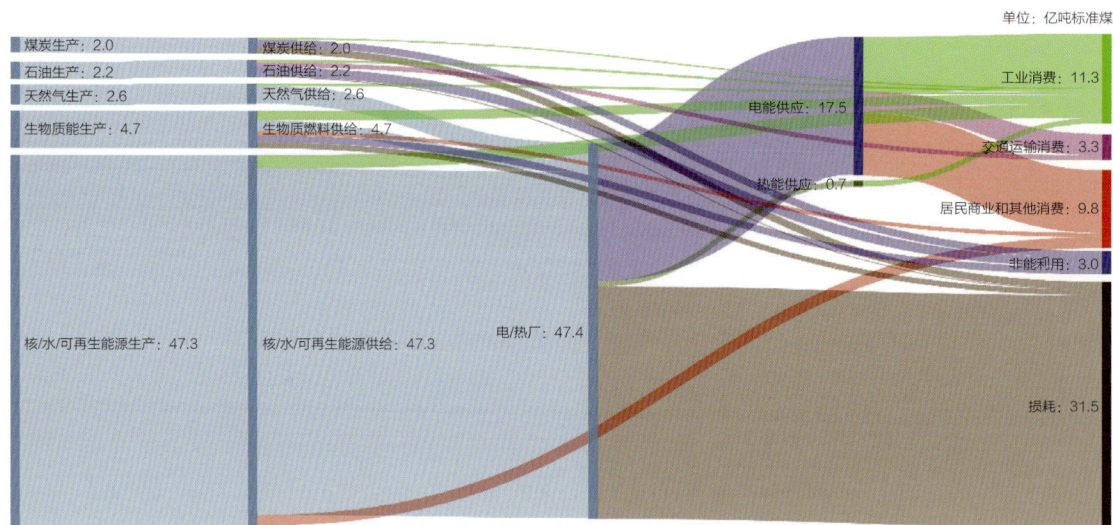

图 3.12 2060 年中国能源系统能流图

2028 年，能源活动碳排放将达到峰值约 102 亿吨；2030 年，降至 96.7 亿吨；到 2050 年前，能源生产领域实现近零排放。能源生产减排量约 43 亿吨，占比超过 45%；能源使用减排量约 44 亿吨，占比超过 46%，CCS 和 BECCS 等碳移除量约占 9%。

能源生产减排量中 80%以上来自电力生产。中国能源互联网加速清洁能源开发和消纳，相比 2030 年，2060 年电力生产减排 38 亿吨，并通过采用一定规模的 CCS、BECCS 等技术，2050 年前电力生产实现近零排放。

能源使用减排量中一半以上来自工业领域。相比 2030 年，2060 年工业领域、交通领域、建筑领域❶碳减排量分别为 27 亿、10.6 亿、6.4 亿吨。

碳捕集及封存技术是能源活动实现碳中和重要手段，提供 9%的减排量。相比 2030 年，2060 年 CCS 减排约 4.4 亿吨，主要应用于电力生产化石能源燃烧碳捕集和化石能源制氢碳捕集；BECCS 减排 4.3 亿吨，主要应用于生物质发电碳捕集和液体生物质燃料生产碳捕集。预计在 2060 年前，能源活动实现碳中和。

---

❶ 建筑领域包含第三产业（不含交通运输）和居民生活（不含交通出行）。由于这两部分能源使用主要发生在建筑物内，因此合称为建筑领域。

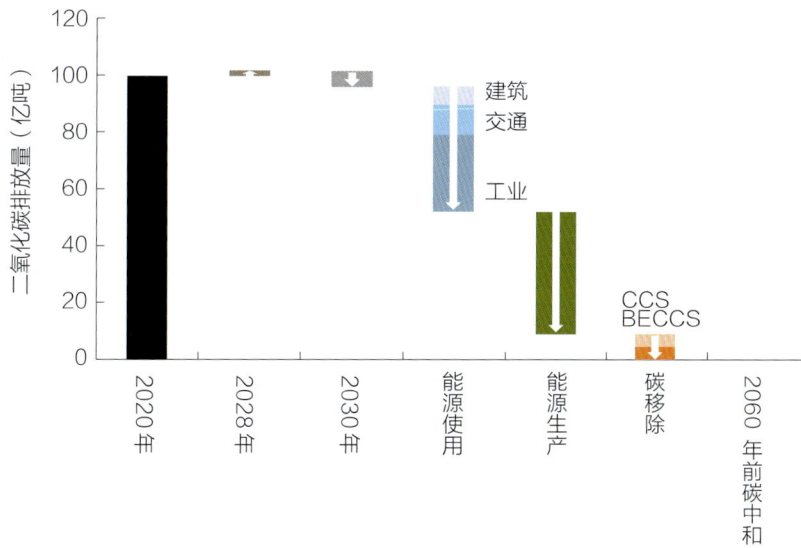

图 3.13 能源活动脱碳进程分析

3.3.3.1 能源生产转向清洁主导

实现碳中和目标，能源生产需要由化石能源主导向清洁能源主导转变，重点是通过清洁能源大规模开发、大范围配置和高效率使用，摆脱化石能源依赖，加快化石能源退出和零碳能源供应，建立清洁主导的能源体系。

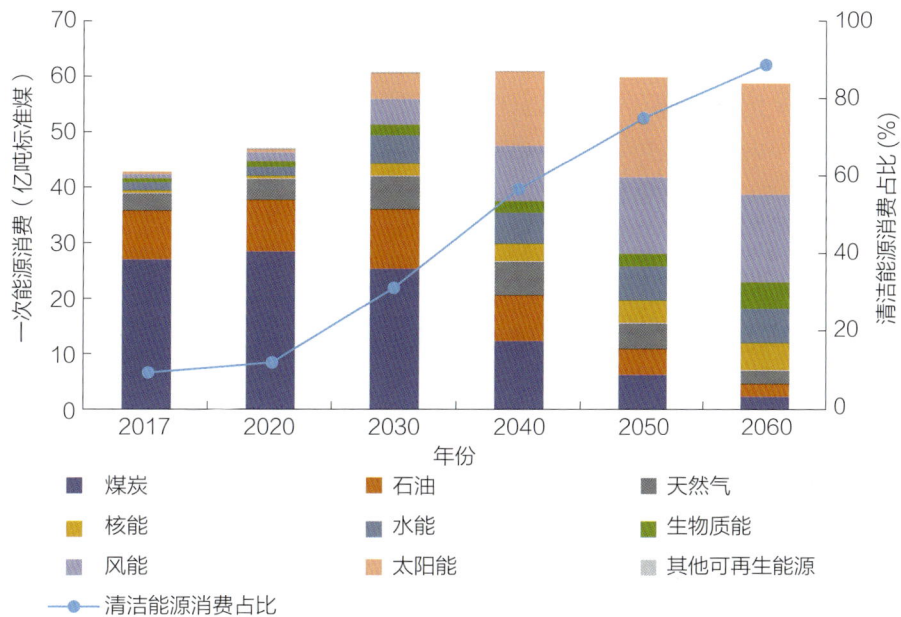

图 3.14 一次能源消费总量及结构

尽早达峰阶段（2030 年前），关键在于煤炭石油达峰。化石能源消费总量 2028 年达峰。清洁发电规模逐年扩大，电力生产新增清洁能源发电装机容量 17.3 亿千瓦，年均增长 1.6 亿千瓦。其中，风电、太阳能发电（含光伏发电和光热发电）装机容量分别年均增长 5440 万、7500 万千瓦；2030 年，清洁电源装机容量占比超过 67%。2030 年，清洁能源消费占一次能源消费比重为 31%，每年需提高 1.3 个百分点，从目前的 15.3% 提高到 31%。

快速减排阶段（2030—2050 年），关键在于清洁能源发展进一步提速。清洁发电规模加速扩大，2030—2050 年电力生产新增清洁能源发电装机容量 43.05 亿千瓦，年均增长 2.2 亿千瓦。其中，风电、太阳能发电（含光伏发电和光热发电）装机容量分别年均增长要达到约 7000 万、1.2 亿千瓦，分别是达峰前增速的 1.3、1.5 倍。能源消费加速转向清洁能源，2040 年前，清洁能源消费占一次能源比重全面超过化石能源；2030—2050 年是清洁发展增速最快阶段，清洁能源比重需每年提高 2.2 个百分点，到 2050 年达到 75%。

全面中和阶段（2050—2060 年），关键在于能源消费深度脱碳及能源生产提供一定负排放。基于中国能源互联网建设，实施深度清洁替代和电能替代，加大水、风、光等清洁能源开发力度，推动清洁电能全面消纳。工业、交通、建筑领域深度电能替代和电力生产清洁替代作用下，能源消费基本实现由清洁能源满足。清洁发电规模进一步扩大，2050—2060 年电力生产新增清洁能源发电装机容量 8.1 亿千瓦，年均增长 8100 万千瓦。其中，风电、太阳能发电（含光伏发电和光热发电）装机容量分别年均增长 3000 万、3500 万千瓦；2060 年，清洁电源装机容量占比达到 96%。2060 年，清洁能源消费占一次能源比重 90%，实现能源生产体系全面转型，剩余化石能源消费加速向非能利用转型，充分发挥化石能源价值。

化石能源逐渐退出，石油、天然气消费总量分别于 2030 年前、2035 年左右达到峰值。2028 年，一次能源中化石能源消费约 43.4 亿吨标准煤，达到峰值，而后逐年下降。其中，煤炭消费总量于 2013 年后稳定在 28 亿吨左右；2025 年，电煤达峰后开始下降，推动煤炭消费持续下降。2030 年，化石能源消费总量将降至 42 亿吨标准煤左右。其中，石油消费总量 2030 年前达峰后逐渐下降，峰值约 7.4 亿吨。2050 年，化石能源消费总量下降至 15.2 亿吨标准煤。其中，天然气消费总量于 2035 年前后达到峰值 6.5 亿吨标准煤（约 5000 亿立方米）。2060 年，化石能源消费总量下降至 6.7 亿吨标准煤。

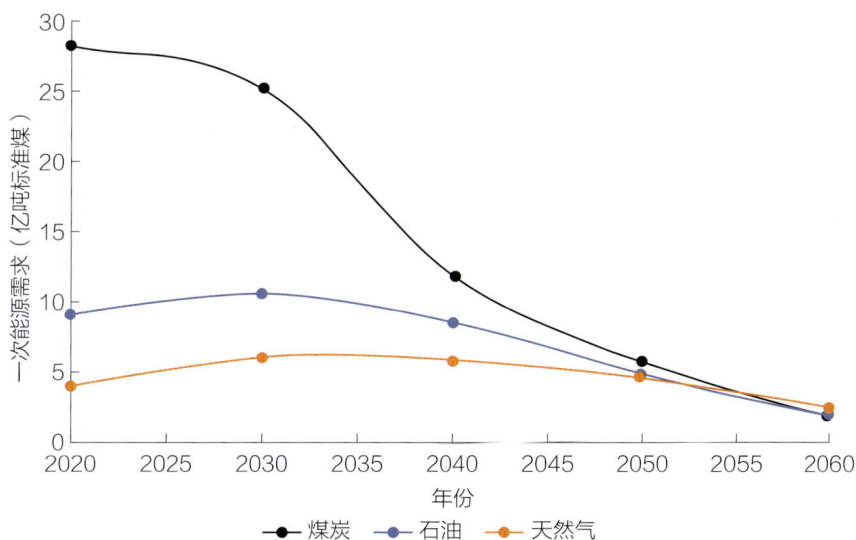

图 3.15　化石能源退出路径图

专栏 2　碳排放达峰规模与时间对能源活动排放路径影响分析

煤电排放控制峰值和尽早达峰是能源活动快速减排的关键，峰值过高和滞后达峰都将增加后期减排压力、增加累积排放、增加额外减排成本。 煤炭是碳强度最大的化石燃料。2019 年，我国新增煤电装机容量 3628 万千瓦，总装机容量达 10.4 亿千瓦，占全球煤电总装机容量的一半。煤电消耗了我国约 54% 的煤炭使用量，排放了全国 43% 的二氧化碳。当前，煤电机组平均投运时间仅为 11 年，资产搁浅风险极为严重。据测算，每增加 1 亿千瓦煤电机组，未来将遭受超过 3000 亿元的资产损失 ❶。

---

❶ 全球能源互联网发展合作组织，新发展理念的中国能源变革转型研究，2020。

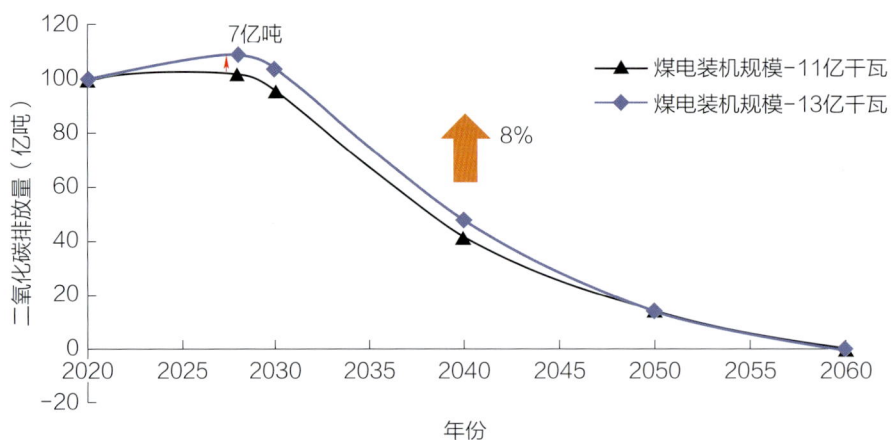

专栏 2 图 1　煤电装机规模对能源活动碳排放路径影响

煤电装机容量峰值增加 2 亿千瓦，将导致碳排放峰值增长 7 亿吨二氧化碳，新增减排成本约 3.7 万亿元。建设中国能源互联网，加快煤电退出进程，将煤电装机容量峰值控制在 11 亿千瓦以内对于碳中和具有关键作用。如果继续投资新建煤电，假设煤电装机容量峰值达到 13 亿千瓦，将导致新增煤电 8400 亿千瓦时，碳排放峰值将增加 7 亿吨。2018—2100 年累积碳排放将增长 8%，需利用碳移除技术额外减排 144 亿吨二氧化碳，新增减排成本约 3.7 万亿元。

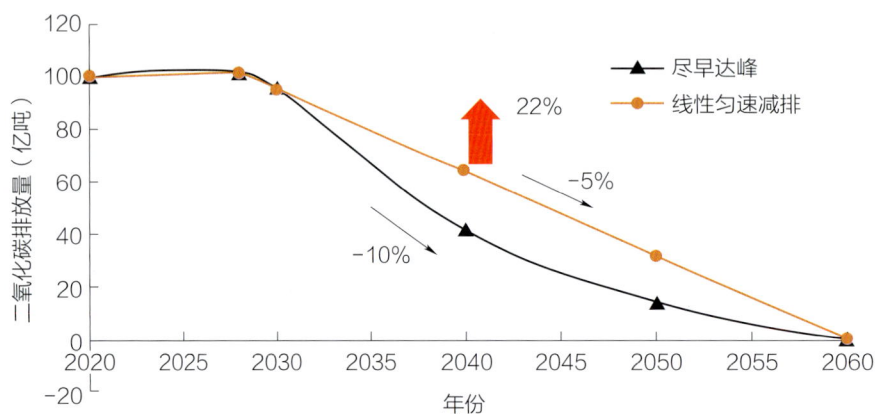

专栏 2 图 2　尽早达峰与滞后达峰对能源活动碳排放路径影响

　　滞后达峰将导致累积碳排放增长 10%～16%，增加后期减排压力和减排成本。碳达峰滞后 2～4 年将导致中国碳中和实现期限缩短到 26～28 年，仅为欧、美等国碳中和时间的一半，这将显著增加我国实现碳中和的难度。为保证 2030 年前尽早达峰，碳排放年均减排速率为 10%，年均减排量约为 4.1 亿吨二氧化碳/年。如果滞后两年达峰，碳排放年均减排速率为 11.5%，年均减排量约为 5.0 亿吨二氧化碳/年，2018—2100 年，累积碳排放相比尽早达峰增加 10%；如果滞后 4 年达峰，碳排放年均减排速率为 13%，年均减排量为 5.7 亿吨二氧化碳/年，2018—2100 年累积碳排放相比尽早达峰将增加 16%，额外增加减排成本超过 8 万亿元。

3.3.3.2　能源使用转向电为中心

　　实现碳中和目标，能源消费需要由煤、油、气等向电为中心转变，电力成为终端能源消费的核心载体。加速推动工业、建筑、交通等主要领域电能替代，终端电气化水平提升，能源使用效率提高，终端各领域化石能源排放大幅降低。

　　尽早达峰阶段（2030 年前），全社会用电量年均增速约 3.6%，2030 年，电气化率达到 33%。电能消费总量逐年上升，2030 年，全社会用电量达到 10.7 万亿千瓦时，电能超过煤炭、石油、天然气成为终端能源消费主导能源。**工业领域**加速电能替代，新增用电量 2.3 万亿千瓦时，电气化率由 24% 增至 34%；**交通领域**电气化快速发展，新增用电量 0.6 万亿千瓦时，电气化率由 3.6% 增至 11%；**建筑领域**智能家电普及，新增用电量 1.5 万亿千瓦时，电气化率由 38% 增至 49%。

　　快速减排阶段（2030—2050 年），全社会用电量年均增速约 2.0%，2050 年，电气化率达到 57%。天然气消费总量将于 2035 年达峰后逐年下降。2050

年，全社会用电量达到 16 万亿千瓦时，终端能源消费一半以上由电能提供。相比 2030 年，2050 年新增用电 5.3 万亿千瓦时，年均增长 2.0%。**工业领域**深度电能替代，新增用电量 0.8 万亿千瓦时，电气化率由 34%增至 47%；**交通领域**电动汽车与氢燃料电池车加速发展，新增用电量 1.8 万亿千瓦时，电气化率由 11%增至 61%；**建筑领域**用能规模和占比增加，新增用电量 2.6 万亿千瓦时，电气化率由 49%增至 79%。

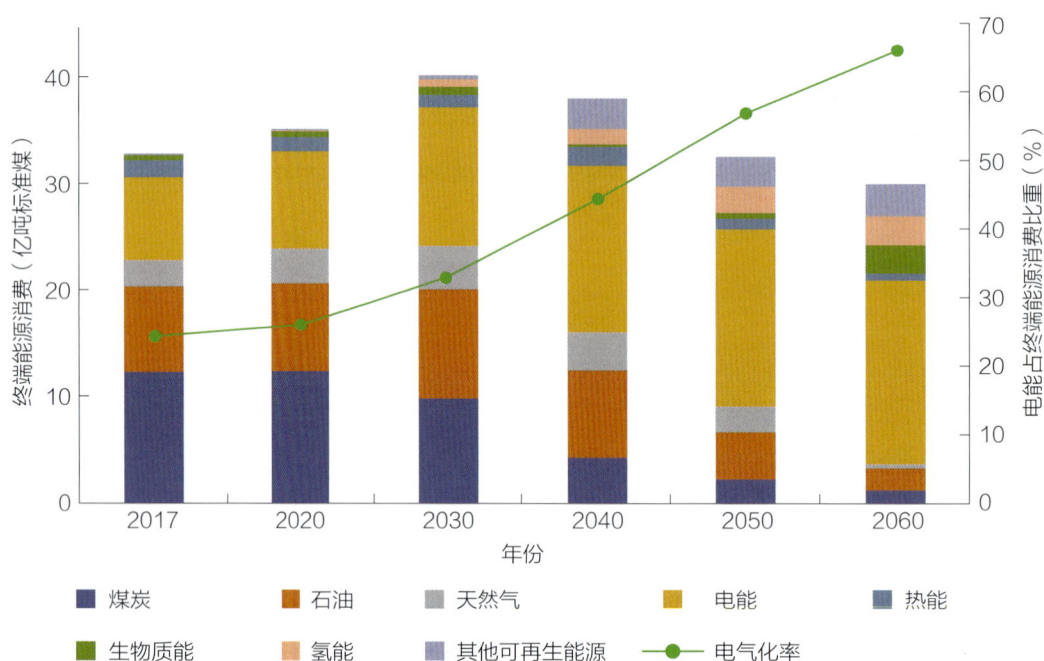

图 3.16　终端能源消费总量及结构

全面中和阶段（2050—2060 年），全社会用电量年均增速约 0.6%，2060 年，电气化率达到 66%。2060 年，全社会用电量将达到 17 万亿千瓦时，相比 2050 年新增用电量 1 万亿千瓦时，年均增长 0.6%。**工业领域**新增用电量 0.1 万亿千瓦时，电气化率由 58%增至 65%；**交通领域**新增用电量 0.5 万亿千瓦时，电气化率由 61%增至 81%；**建筑领域**新增用电量 0.35 万亿千瓦时，电气化率由 75%增至 79%。全社会 2/3 的能源使用均为电能，实现能源使用转型。

专栏 3　　　**中国能源互联网在快速减排阶段的关键作用**

　　快速减排阶段是关系我国实现碳中和目标、引领气候治理的关键阶段。碳排放对温升的影响体现在排放路径和累积排放量上，我国需要经历先达峰再实现中和的减排路径，与发达国家已达峰并逐步下降的排放趋势明显不同，如何在不足 30 年时间内完成发达国家 60 年乃至更长时间完成的减排进程，是我国碳中和的最大挑战。

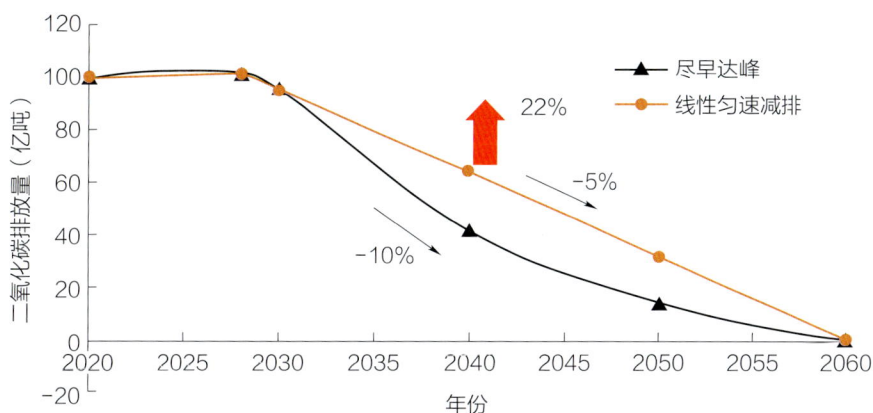

专栏 3 图 1　快速减排与线性匀速减排路径对比

　　建设中国能源互联网将加速减排进程。 通过加快清洁替代和电能替代进程，能够实现能源系统快速减排，以更快速度、更大规模方式开发利用清洁能源，能大幅减少能源系统累积排放，从而将减排路径由线性匀速减排转向加速减排，最大程度减少全社会减排成本。2030—2050 年，碳减排年均速率为 10%；2050 年，全社会二氧化碳排放降至 13.8 亿吨，实现碳中和的主体减排任务已基本完成。

　　快速减排能够使我国减排成本不增反降。 延迟减排行动会增加减排成本和实现难度。从可行性上看，按照达峰后匀速减排测算，2050 年后全社会二氧化碳排放超过 30 亿吨，累积排放增加 21%，这意味着我国在 2050—2060 年间，需要额外增加减排 105 亿吨二氧化碳，大幅增加后期减排压力，实现碳中和的不确定性显著增加。从减排成本上看，2018—2100 年，累积碳排放增加 425 亿吨二氧化碳，将额外增加减排成本超过 10 万亿元。

3.3.4 电力系统脱碳路径

建设中国能源互联网将发挥电力系统关键作用，2050 年前，实现电力生产近零排放，之后为实现碳中和提供负排放。电力将是减排力度最大、脱碳速度最快的领域，减排量占能源活动 40% 以上。

尽早达峰阶段（2030 年前），2030 年，电力生产碳强度降至 2017 年的一半以下。通过严控煤电总量，电力生产碳排放与碳强度明显下降。2030 年，电力生产碳排放降至 41 亿吨，电力生产碳强度由 2017 年的 822 克二氧化碳/千瓦时❶降至 380 克二氧化碳/千瓦时，降幅超过 50%。

快速减排阶段（2030—2050 年），2050 年前，电力生产实现近零排放。加快建设中国能源互联网，推动煤电有序退出，优化气电功能布局。到 2050 年，电力生产碳强度降至 12 克二氧化碳/千瓦时。通过 CCS、BECCS 碳捕集量约 5 亿吨，2050 年前电力生产实现近零排放，电力生产碳排放每年下降 4.8 个百分点。

全面中和阶段（2050—2060 年），2060 年，电力生产为全社会 2060 年前碳中和提供负排放空间。2060 年前，煤电全部退出。电力生产 96% 以上由清洁电源供应，2060 年，电力生产 BECCS 提供碳捕集量约 1.5 亿吨二氧化碳，进入电力供应负排放时代。

3.3.4.1 电源装机结构清洁低碳

建设中国能源互联网，电源结构和布局逐步优化，供应侧推行清洁替代，大力开发西部北部风光基地，因地制宜发展东中部分布式能源，改变以煤为主的电源结构。

---

❶ 中国电力企业联合会，中国煤电清洁发展报告，北京：中国电力出版社，2017。

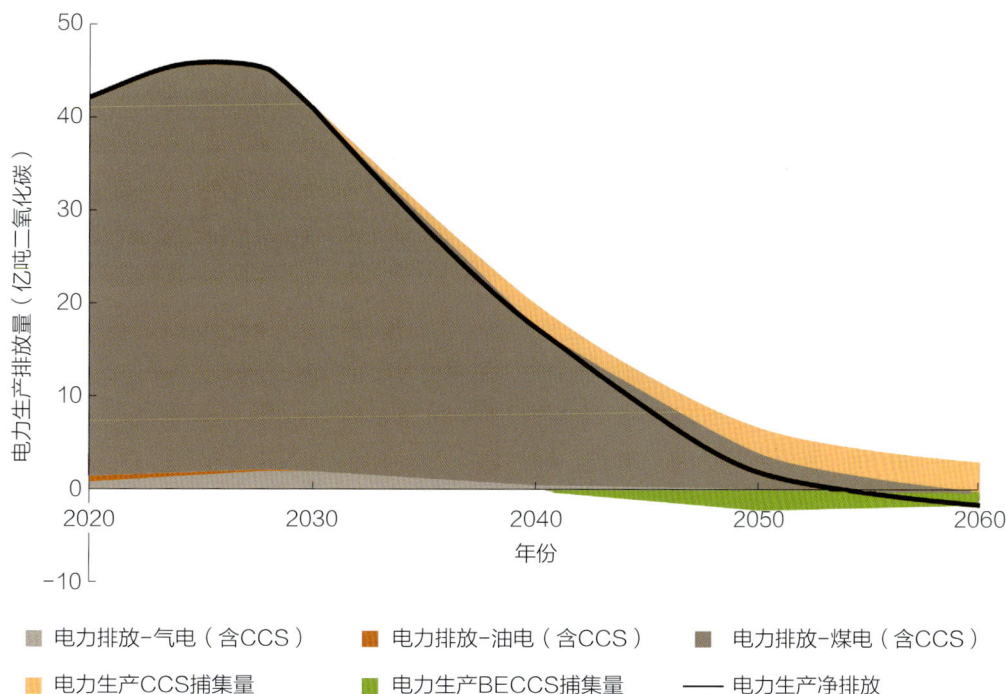

图 3.17 电力生产脱碳路径图

1. 电源装机

2030、2050、2060 年我国电源总装机容量将分别达到 38 亿、75 亿、80 亿千瓦，装机结构逐步转变为清洁主导。清洁能源发电装机占比由 2030 年的 67.5% 升至 2060 年的 96%，发电量占比由 2030 年的 53% 升至 2060 年的 97%。从 2019 年到 2030 年，清洁能源装机容量每年需增长 1.6 亿千瓦，达到 25.7 亿千瓦。2030—2050 年，清洁能源装机容量每年需增长 2.2 亿千瓦，达到 68.7 亿千瓦。2050—2060 年，每年增加装机容量 0.81 亿千瓦，达到 76.8 亿千瓦。

表 3.5 2030—2060 年我国电源装机容量　　　　　　　　单位：亿千瓦

水平年	合计	光伏	光热	风电	常规水电	抽蓄	核电	生物质及其他	煤电	气电	燃氢
2030 年	38	10	0.25	8	4.4	1.13	1.1	0.8	10.5	1.85	0
2050 年	75	32.7	1.8	22	5.7	1.7	2	1.7	3	3.3	1
2060 年	80	35.5	2.5	25	5.8	1.8	2.5	1.8	0	3.2	2

表 3.6　2030—2060 年我国发电量及占比

分类	2030 年		2050 年		2060 年	
	发电量（亿千瓦时）	占比（%）	发电量（亿千瓦时）	占比（%）	发电量（亿千瓦时）	占比（%）
合计	109804	100	161703	100	171198	100
煤电	46001	41.89	6510	4.03	0	0.00
气电	6105	5.56	6996	4.33	5760	3.36
光伏	13500	12.29	48750	30.15	54000	31.54
光热	800	0.73	5760	3.56	8000	4.67
风电	16400	14.94	51920	32.11	59000	34.46
常规水电	17195	15.66	22497	13.91	22852	13.35
核电	7344	6.69	14000	8.66	17500	10.22
生物质及其他	2460	2.24	5270	3.26	4086	2.39
清洁发电量占比（%）	52.5		91.6		96.6	

2. 电源结构

煤电：总量在 2025 年达峰 11 亿千瓦后，逐步降至 2030 年的 10.5 亿千瓦、2050 年的 3 亿千瓦左右，直到 2060 年全部退出。煤电功能向调节性电源转变，将主要发挥辅助服务、保障灵活性和可靠性等作用。

气电：主要作为调峰电源，2030、2050、2060 年气电装机容量分别为 1.9 亿、3.3 亿、3.2 亿千瓦。其中，80% 以上在我国东中部地区。

太阳能发电：加快开发西部、北部大型太阳能基地，充分利用清洁能源和沙漠、戈壁土地资源优势。在东中部地区因地制宜发展分布式光伏，合理利用屋顶厂房、园林牧草和水塘滩涂。2030、2050、2060 年光伏装机容量分别达到 10 亿、32.7 亿、35.5 亿千瓦，光热装机分别达到 0.25 亿、1.8 亿、2.5 亿千瓦。大型太阳能基地主要分布在新疆、青海、内蒙古、西藏等地区。

风电：持续开发"三北"大型风电基地、东南沿海海上风电基地和东中部分散式风电。2030、2050、2060 年我国风电装机容量分别达到 8 亿、22 亿、25 亿千瓦（含海上风电 1.59 亿千瓦）。"三北"地区装机容量占比达到 60%左右，其中，新疆、甘肃、蒙东、蒙西、吉林、河北是风电开发的主要区域。

水电：深入推进"三江流域"大型水电基地建设，稳步推动藏东南水电开发。2030、2050、2060 年我国水电装机容量分别达到为 4.4 亿、5.7 亿、5.8 亿千瓦。2030 年，西南主要流域水电装机规模约 2.5 亿千瓦；随着雅鲁藏布江干支流的开发，2060 年，装机规模将达到 3.7 亿千瓦。2030、2050、2060 年，抽水蓄能装机分别达到 1.1 亿、1.7 亿、1.8 亿千瓦，75%分布在东中部地区。

核电：我国已储备一定规模的核电厂址资源，沿海核电厂址主要分布在浙江、江苏、广东、山东、辽宁、福建、广西；除沿海厂址外，湖北、江西、湖南、吉林、安徽、河南、重庆、四川、甘肃等内陆省市也开展了核电厂址前期工作。统筹考虑设备制造和核燃料供应等条件，2030、2050、2060 年我国核电装机分别达到 1.1 亿、2 亿、2.5 亿千瓦。

氢电：主要作为调峰电源，2050、2060 年，氢电装机容量分别为 1 亿、2 亿千瓦。

储能： 随着技术升级、成本下降，电化学等新型储能将迎来快速增长，2030、2050、2060 年新型储能容量将达到 1.3 亿、6 亿、7.5 亿千瓦，其中分别有 700 万、2.7 亿、3.5 亿千瓦为参与系统调节的电动汽车电池储能。

专栏 4   **电力系统不同脱碳路径的经济性比较**

电力系统是能源系统零碳转型的中心环节。实现电力系统快速减排，2055 年前实现净零排放。拟定两个情景方案。**方案一是加速退煤情景**（即报告中的"碳中和实现路径"），通过超高比例清洁电源和保留少量煤电并配置 CCS 以实现电力系统净零排放。**方案二是保留煤电情景**，发展较高比例的清洁电源，保留大部分煤电并通过大规模配置 CCS 的方式实现电力系统净零排放。对两个方案进行技术经济性比较，结果表明方案一的技术路线合理、费用更低、综合竞争力更强。

方案一： 2030 年，煤电和气电装机容量分别为 10.5 亿千瓦和 1.85 亿千瓦，合计占总装机容量的 33%；2050 年，煤电和气电装机容量分别为 3 亿千瓦和 3.3 亿千瓦，合计占总装机容量的 8%；2060 年，煤电全部退出，气电装机 3.2 亿千瓦，占总装机容量的 4%。通过部分应用 CCS 等减排技术，实现净零排放。

方案二： 2030 年，煤电和气电装机容量分别为 12.5 亿千瓦和 1.85 亿千瓦，合计占总装机容量的 39%；2050 年，煤电和气电装机容量分别为 9 亿千瓦和 3.3 亿千瓦，合计占总装机容量的 18%；2060 年，煤电和气电装机容量分别为 8 亿千瓦和 3.2 亿千瓦，合计占总装机容量的 15%。通过大规模应用 CCS 等减排技术，实现净零排放。

专栏 4 表 1　2030—2060 年我国电源装机容量比较　　　　单位：亿千瓦

方案	水平年	合计	光伏	光热	风电	常规水电	抽蓄	核电	生物质等	煤电	气电	燃氢
方案一	2030 年	38	10	0.25	8	4.4	1.13	1.1	0.8	10.5	1.85	0
	2050 年	75	32.7	1.8	22	5.7	1.7	2	1.7	3	3.3	1
	2060 年	80	35.5	2.5	25	5.8	1.8	2.5	1.8	0	3.2	2
方案二	2030 年	36.5	8	0.25	6.5	4.4	1.13	1.1	0.82	12.5	1.85	0
	2050 年	66.5	26.5	0.8	16	5.7	1.7	1.6	1.5	9	3.3	0.3
	2060 年	74.5	31.5	1	19	5.8	1.8	1.8	1.7	8	3.2	0.7

从 2030—2060 年的年费用看，方案一年费用 2.6 万亿元。方案二由于煤电机组较多，除煤炭燃料成本外还要配置较多 CCS 来满足碳排放要求，运行年费用大幅增加，达 3.5 万亿元，比方案一高 9000 亿元。

专栏 4 表 2　两个方案年费用对比　　　　单位：亿元

类别	方案一	方案二	方案一相比方案二
风电	6832	4913	1919
太阳能（含光热）	6264	4624	1641
煤电	5120	10192	−5072
CCS	4272	13204	−8932
储能	3512	2067	1445
年费用	26000	35000	−9000

3.3.4.2　电网配置能力大幅提升

加快构建以特高压电网为骨干网架、各级电网协调发展的全国能源配置平台，以大电网互联转变能源配置方式，转变过度依赖输煤的能源配置方式和局部平衡的电力发展方式,加强我国与周边国家互联互通,形成"西电东送、北电南供、跨国互联"的能源发展格局,促进清洁能源大规模开发和消纳,加快电网智能互动发展,实现多能互补和优化配置。

1. 电力流格局

我国的资源禀赋和电力需求逆向分布决定了"西电东送"和"北电南送"电力流格局。东中部电力需求基数大,将长期是电力需求中心,但本地资源总量有限、品质不高。"西电东送"工程具有较强的电价竞争力,未来我国跨省跨区电力流规模将持续扩大。2060 年,跨区跨省电力流 8.3 亿千瓦。其中,跨区电力流为 6.2 亿千瓦,跨省电力流为 2.1 亿千瓦,跨国电力流约 1.87 亿千瓦。

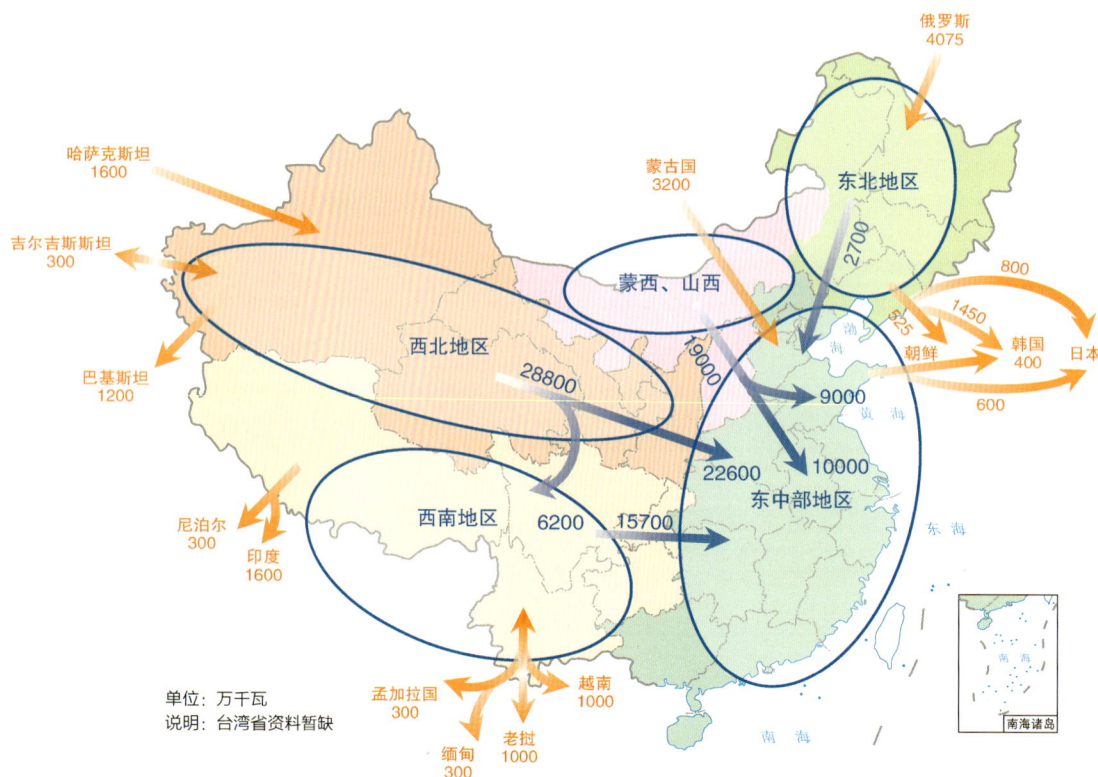

图 3.18　2060 年我国跨国跨区跨省电力流示意图

2. 联网格局

加强特高压骨干网架建设具有重要意义。由于电力管理体制、规划、技术等方面原因，形成基于行政区划、网间联系薄弱、资源配置能力不强的多个同步电网格局。特别是特高压"强直弱交"问题突出，特高压交流发展严重滞后，电网骨干网架长期处于从超高压向特高压的过渡期，跨区电网联系薄弱，对大负荷、大波动、大事故的承载能力严重不足，存在很大安全隐患；同时，严重制约已建直流发挥作用，极大影响西部和北部清洁能源开发，弃水、弃风、弃光问题更加突出。为满足西部大规模清洁能源送出、东部大规模区外电力送入的需要，需要建设东部、西部特高压同步电网，增强安全性和稳定性，保障多回路大直流送得出、落得下、用得上。

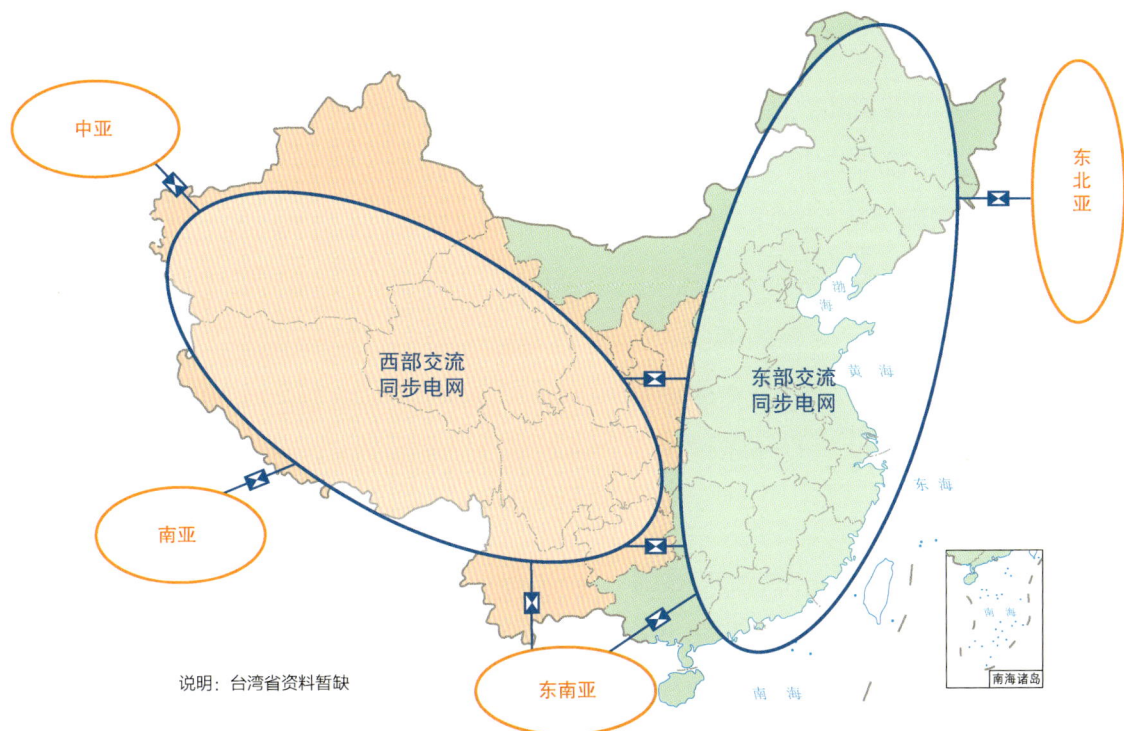

说明：台湾省资料暂缺

图 3.19　我国电网互联总体格局示意图

综合考虑清洁能源资源和电力需求分布，按照安全可靠、结构合理、交直流协调发展的原则，加快建设以特高压为骨干网架的东部、西部两个同步电网，加强与周边国家互联互通，形成**"西电东送、北电南供、多能互补、跨国互联"**的电网总体格局。

西部交流同步电网：统筹清洁能源基地开发及布局，实现风光水火多类型能源资源时空互补和统一调节，平抑间歇性新能源出力波动性，提高清洁能源和外送通道效率，大力推进送端电网互联互通，构建西部交流同步电网。西部电网包括西南电网、西北电网和南方送端（云南、贵州）电网，覆盖西南大型水电基地和西北大型风电、太阳能发电基地。

东部交流同步电网： 统筹本地供电和外受电网架建设，提高跨区跨省支援能力，实现清洁能源大规模安全受入与高效消纳，提高电网整体安全稳定水平，加快扩大受端同步电网规模，构建东部交流同步电网。东部电网包括华北电网、华东电网、华中电网、东北电网和南方受端电网。

跨国互联互通： 中国能源互联网与东北亚、中亚、东南亚、南亚和西亚通过直流互联，实现亚洲能源互联互通，促进清洁能源在更大范围优化配置。

3. 智能电网

中国能源互联网作为重要的资源配置平台，是实现能源互联、能源综合利用的枢纽，随着电力电子技术、信息网络技术、自动控制技术的进步，中国能源互联网将以高度信息化、自动化、互动化为特征，满足多元化用能需求。

信息化全面覆盖。 依托大数据、云计算、物联网、移动互联网和软件定义网络、宽带无线等信息通信新技术在超大容量骨干光传输网、10 千伏通信接入网、一体化信息平台、业务系统、信息安全等领域的深化应用，搭建具有柔性、智能、互动、安全等特征的信息通信一体化平台，为能源互联网的安全稳定运行提供支撑保障。

自动化全面升级。 全面推广输变电设备状态监测、直升机和无人机以及智能机器人巡检等智能输变电技术，推动智能变电站新技术应用，提升电网感知与控制能力；建立完备的山火、覆冰、雷电监测预警及智能决策系统，实现智能化防灾减灾；配电自动化系统基本实现全覆盖，实现配电网可控可视，故障定位和网络自愈重构；全面建成地县一体化智能电网调度控制系统，建设新一代智能电网调度控制系统，提升对未来电网的驾驭能力。

互动化全面提升。着力实现绿色用电服务多渠道互动、用户侧设备即插即用、智能电能表多元双向互动、用能服务高效便捷，创新适应分布式电源发展的互动服务模式，进一步提升电动汽车与系统的双向互动能力，增强充换电设施的服务能力，构建以清洁能源为主的友好开放、灵活互动的智能用电互动服务体系，全面提升智能电网互动化水平。

3.3.4.3　积极构建新型电力系统

实现电力系统脱碳目标，必须构建以新能源为主体的新型电力系统。需要统筹考虑高比例新能源接入下电力系统的新特征、新挑战，聚焦电力供应充裕性和电力系统安全性要求，通过发输配用、源网荷储各环节协同转型，推动我国电力系统实现系统性、全局性、根本性变革。

1. 新型电力系统特征

新型电力系统呈现"三高、双峰"特征，即高比例新能源发电、高度电力电子化、高送受电占比，以及用电负荷"双峰"化。

高比例新能源发电。新能源成为电力供应主体是实现碳中和目标的必然要求，也是新型电力系统的本质特征。目前，我国青海地区新能源大发时，瞬时渗透率可达到 80%以上，已具备高比例新能源电力系统的特征。未来，集中式和分布式相结合大规模开发我国丰富的风能、太阳能资源，电力系统的新能源渗透率将不断提升。

高度电力电子化。电力电子设备由于其电能变换和调节控制快速灵活等特点，在电力系统发输配用各个环节广泛应用。发电侧，风电机组和光伏发电设备部分或全部通过电力电子装置并网；输电侧，常规直流、柔性直流以及柔性交流输电系统（FACTS）包含大量电力电子装置；负荷侧，直流配电网以及电动汽车、变频电机等电力电子化用能设备大量接入。未来，电力系统电力电子化程度还将进一步提高。

高送受电占比。我国清洁能源资源与负荷中心呈逆向分布，西部北部清洁能源富集地区的送端电网外送电比例高，东中部负荷中心的受端电网外受电比例高。2018 年，云南外送电量占本省发电量比例超过 50%，北京、上海外受电电量占比超过 50%[1]。未来，跨省跨区电力流规模进一步增大，将给电力系统可靠供电和安全运行带来新的挑战。

用电负荷"双峰"化。目前，我国用电需求已呈现冬、夏"双峰"特征，峰谷差不断增大，部分地区负荷冬季高峰接近甚至超过夏季高峰。随着电能替代不断推进和人民生活水平持续提高，"双峰"特征将更加凸显，叠加水电丰枯季节特性以及新能源反调峰特性，电力保障供应难度显著加大。

2. 保障电力供应充裕性

充裕性是指电力系统稳态运行时，在系统元件额定容量、母线电压和系统频率等的允许范围内，考虑系统中元件的计划停运以及合理预期的非计划停运条件下，向用户提供全部所需的电力和电量的能力[2]。

新型电力系统中新能源定位由补充电源转变为主力电源，作为主体参与电力电量平衡。由于新能源的随机性、波动性和间歇性，新型电力系统供电充裕性面临多重挑战。一是新能源电源置信容量低。日内用电负荷通常白天、前夜为高峰，后夜为低谷；风电白天出力低、夜间出力高，具有明显的反调峰特性；光伏发电中午出力高，夜间无出力，晚负荷高峰时电力支撑能力明显不足。二是新能源季节性电量不平衡。我国新能源资源丰富的"三北"地区月度用电需求呈夏、冬双

[1] 中国电力企业联合会，中国电力行业年度发展报告，2019。
[2] 全国科学技术名词审定委员会，电力名词（第三版），北京：科学出版社，2020。

高峰，而风电为春、秋高峰，光伏发电春末、夏、秋为高峰。用电高峰月份新能源电量支撑能力不足，用电低谷月份存在弃风弃光压力。三是系统灵活性资源要求高。新能源电源出力频繁出现快速、剧烈波动，系统调节负担增加；光伏装机比例较大的系统，净负荷曲线呈现明显的"鸭型"特征，早高峰阶段快速下降，午间出现凹谷，晚高峰时段快速上涨，导致电力系统调峰困难，对系统灵活调节能力要求高。四是受极端天气影响风险加大。极端天气通常导致用电负荷激增，叠加新能源出力"极热无风、极寒无光"现象，存在短时电力短缺甚至长时间无电可用的供电风险。

面对新能源作为电力供应主体带来的充裕性挑战，需要多措并举提升新型电力系统保障供应能力。一是多种清洁能源互补优化运行。充分利用水、风、光多种清洁能源在时间和空间上的平滑效应和互补效益；着力提升供电系统容量充裕性和装机备用率，降低发电成本；适当放宽新能源弃电限制，降低系统消纳尖峰出力代价。二是全面协同提高系统灵活性。电力系统灵活性资源供应由电源侧灵活性资源主导转变为源网荷储各环节灵活性资源协同优化；其中，电源侧包括燃气发电、抽水蓄能、常规水电和燃氢发电等，需求侧包括电动汽车 V2G、电化学储能、电制氢和虚拟电厂等。三是充分发挥大电网基础平台作用。电网作为源荷储协同优化互动的基础平台，可以发挥跨地区清洁资源互补和负荷错峰效益，提高新能源利用率，降低系统备用需求，提升电力系统应对极端天气风险能力。四是积极挖掘需求侧响应潜力。构建可中断、可调节多元需求侧资源管理体系，推动电力系统由传统的"源随荷动"向"源荷互动"转变，引导需求侧主动挖掘系统调峰资源，有序参与需求侧响应。

专栏 5   **适应新型电力系统特征开展灵活性资源规划**

适应新型电力系统充裕性新特征，需要充分考虑源网荷储各环节技术、经济、碳排放等特性及约束关系，创新开展灵活性资源优化规划，将传统的典型日"点平衡"方法转变为更加精确的"小时级平衡"，采用全年 8760 逐小时生产模拟方法，模拟用电负荷和电源出力曲线。

通过电力系统运行生产模拟，校验各水平年装机容量是否满足本系统负荷及与外系统的送受电力要求，明确各类电站在逐日 24 小时负荷曲线上的工作位置和工作容量，确定各类机组的利用小时数，校核系统调峰能力、系统弃风、弃光电量等情况。

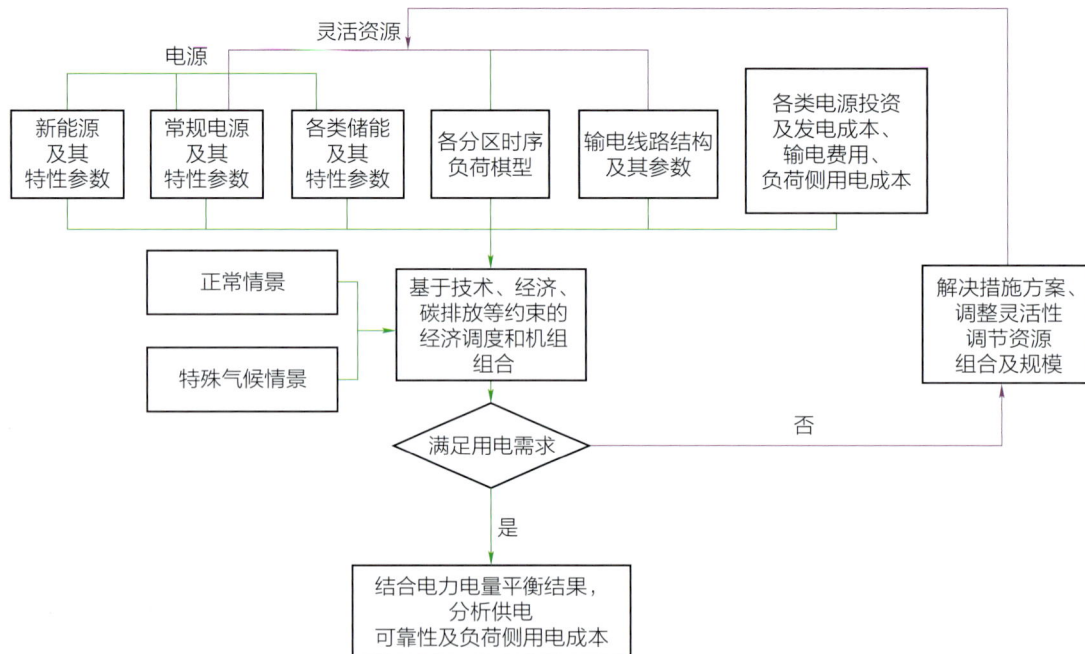

专栏 5 图 1　新型电力系统灵活性资源优化规划原理示意图

近期，灵活性资源发展以提升火电等常规电源的调节能力、调峰深度和爬坡速度，大力发展抽水蓄能为主。2030 年，电源侧容量占系统灵活性资源总量超过 70%。

远期，煤电机组逐步退出，灵活性资源结构更加清洁多元化；电网互联规模持续提高；电动汽车、虚拟电厂等需求侧资源不断丰富；电化学储能、压缩空气储能等短期储能和燃氢发电等中长期储能资源协同发展。2060 年，电网侧、需求侧和储能资源容量占比超过 65%。

生产模拟结果表明，研究水平年各区域灵活性资源规模均可满足供电充裕性要求。

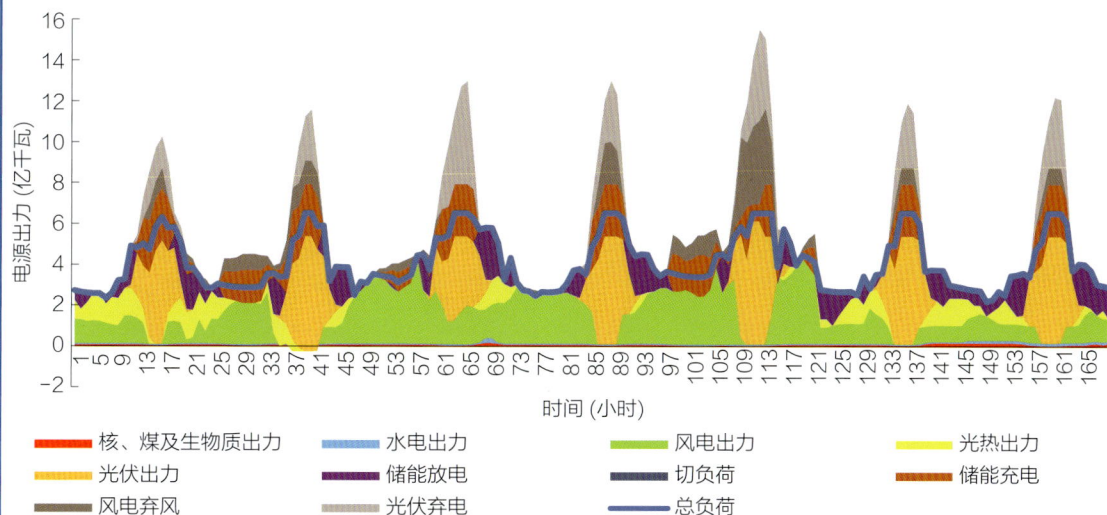

专栏 5 图 2　西北地区 2060 年典型周运行方式图

3. 提升电力系统安全性

安全性是指电力系统在运行中承受扰动（例如突然失去电力系统的元件或短路故障等）的能力[1]。

由于新能源作为一次能源的不可控性，电力电子装置的低惯性、弱抗扰性、多时间尺度响应等特性，以及主网同步电源"空心化"等问题，新型电力系统安全稳定运行面临新特征。一是系统惯量降低、频率问题凸显。电力电子类电源大规模替代常规同步机组，导致频率变化速率加快、波动幅度加大，叠加新型用电负荷的频率调节效应系数减小，易出现稳态和暂态频率越界；系统故障易导致新能源发生连锁脱网、直流发生连续换相失败、多回同时换相失败，大幅功率缺额冲击可能引发电网频率崩溃。二是无功支撑不足、电压问题突出。新能源电源

---

❶ 全国科学技术名词审定委员会，电力名词（第三版），北京：科学出版社，2020。

无功支撑能力相比常规电源弱，系统短路容量和电压支撑能力显著下降，稳态下电压调节压力显著增加，暂态下暂态过电压问题突出；直流换流站在故障恢复过程中，从电力系统吸收大量无功功率，可能引发受端系统电压长时间不能恢复正常，甚至造成电压崩溃。三是传统功角稳定与新形态稳定问题叠加。新能源电源的低惯量水平和控制策略影响同步机组的转子运动过程，易导致功角失稳；新能源机组通过锁相环控制与交流系统实现同步，系统故障易引起锁相环失锁新型同步稳定问题；电力电子设备、电力网络交互作用在特定情况下可能引发宽频振荡现象，如风电机组与直流、风电机组与弱电网相互作用引起的次同步振荡等。

面对新特征、新挑战，需要源网荷储各个环节协同发力保障新型电力系统安全稳定运行。**电源侧**，保持一定规模的同步机组，调整传统电源的功能定位，更多承担系统调频调压功能；适量发展燃气、燃氢和光热发电，作为新增同步电源主体向系统提供惯量和电压支撑；提高新能源电源涉网特性，使其具备虚拟惯量支撑、自动调频调压等功能。**电网侧，**加强交流网架结构，提高短路容量，改善"强直弱交"现象，增强交流主网潮流灵活转运和疏散能力，适应直流有功强冲击；推进柔性交流输电和柔性直流输电技术应用，增强交直流混联电网的调节控制能力；合理配置同步调相机，提高电源"空心化"地区电力系统的无功电压支撑能力。**负荷侧，**发挥需求侧资源响应作用，引导电动汽车、电化学储能、虚拟电厂等参与系统调峰调频；发掘毫秒级、秒级可中断负荷，参与系统安全防御和一次调频。

3.4 减排贡献评估

中国能源互联网建设对能源活动及全社会实现碳中和发挥决定性作用，累积减排贡献约 80%。通过综合实施清洁替代、电能替代、跨国跨省跨区电力传输和交易、能效提升、碳捕集与封存以及生物质能负排放等措施，大幅减少能源系统及全社会碳排放，实现碳中和目标。将碳中和实现路径与现有模式延续情景对比，能够定量比较上述各减排途径在减排过程中发挥的作用[1]。2020—2060年，碳中和实现路径相比现有模式延续情景累积减排量超过 2000 亿吨。其中，"两个替代"累积减排贡献[2]约 80%，起主导作用，互联互通为"两个替代"提供有力保障和支撑，能效提升、碳捕集与封存以及生物质能负排放等技术是实现碳中和的重要补充。

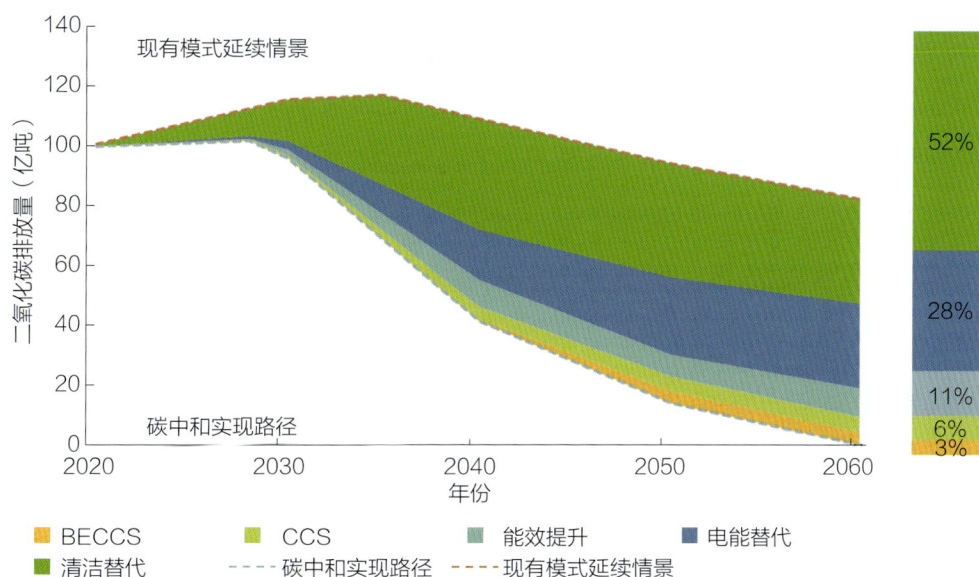

图 3.20　中国能源互联网减排贡献

3.4.1　两个替代

清洁替代控制碳排放源头，累积减排贡献 52%。通过在能源供给侧推广使用低碳和零碳能源，发挥清洁能源基地化开发的网络经济和规模优势，能够大幅提升清洁电力的经济性和安全性，降低能源生产过程中的二氧化碳排放。

电能替代促进全行业减排，累积减排贡献 28%。电能是终端利用效率最高

---

[1] Zhou Y, Chen X, Tan X, et al, Mechanism of CO_2 Emission Reduction by Global Energy Interconnection, Global Energy Interconnection, 2018, 1(4): 409-419。

[2] 累积减排贡献为减排途径提供的累积减排量占总累积减排量的比例。

的能源，能源效率达 90%以上，而且使用便捷，能够与多种形式能源相互转换。中国能源互联网能够发挥电能作为清洁、低碳、高效二次能源的优势，加速推动工业、建筑、交通等主要领域的用能结构从以化石能源为主向以电为主转变，促进各行各业深度减排。

3.4.2 互联互通

优化配置清洁能源资源，相当于每年在全国配置 22 亿吨减排量。 2050 年，中国能源互联网建成，我国特高压直流工程输电容量达到 4.9 亿千瓦，跨国直流工程输电容量 1.79 亿千瓦，实现跨区跨省电力流 8.1 亿千瓦，跨国电力流约 1.79 亿千瓦。通过将西部北部以及周边国家优质、低廉的清洁能源输送配置到中东部负荷中心，促进减排难度大、成本高的地区实现减排，实现在全国范围内配置 22 亿吨碳减排量[1]。

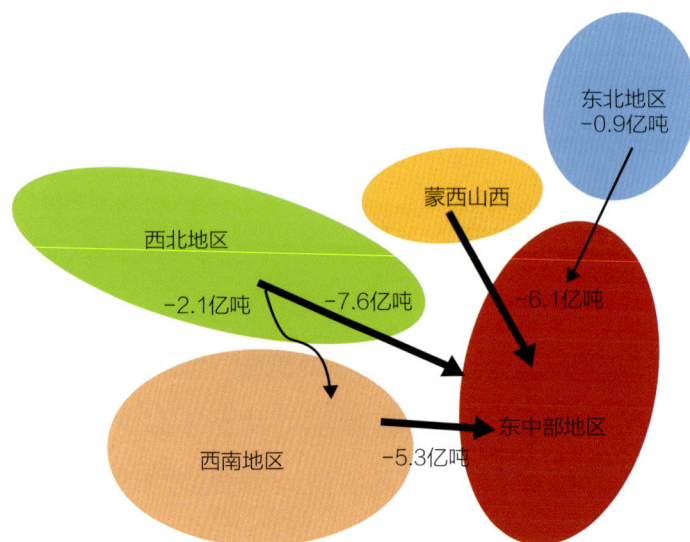

图 3.21　2050 年中国能源互联网跨省跨区配置减排量示意图[2]

---

[1] 谭新，刘昌义，陈星，等. 跨国电网互联情景下的碳流及碳减排效益研究——以非洲能源互联网为例. 全球能源互联网，2019，2(3)：291–198.

[2] 消费清洁电力相对于消费化石电力带来相应的碳减排，具有"负排放"效益。

3.5　投资成本分析

建设中国能源互联网实现碳中和目标，具有边际减排成本低、能源系统投资少的优势。

3.5.1　减少碳中和成本

全社会边际减排成本为 258 元/吨二氧化碳，是减排成本低的碳中和方案[1]。与全球实现 2℃及 1.5℃边际减排成本对比，碳中和实现路径贴现后的平均边际减排成本约 258 元/吨二氧化碳，低于其他 1.5℃情景边际减排成本，位于全球 2℃情景边际减排成本的中间水平[2]。

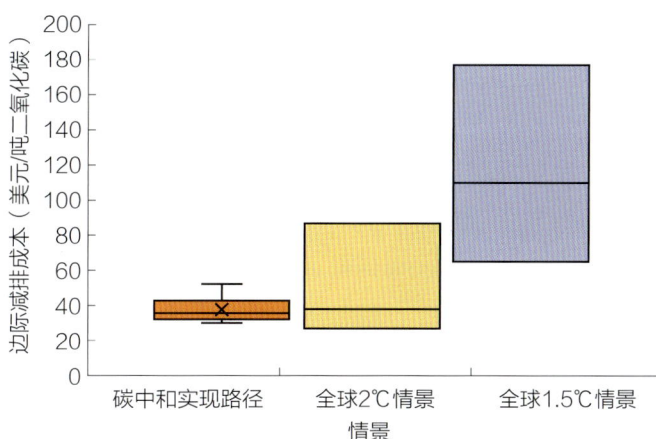

图 3.22　碳中和实现路径与全球主流情景边际减排成本比较[3]

尽早达峰阶段（2030 年前），关键在于控制煤电规模。如果煤电装机容量峰值在 11 亿千瓦的基础上，进一步增加 2 亿千瓦，不但直接产生大量煤电资产搁

---

[1] 边际减排成本，是指每多减排一单位的二氧化碳全社会所要付出的成本，用来反映碳减排对整个经济社会产生的资金需求，可直观反映出不同经济体减排的潜在空间和实施成本。

[2] Rogelj J, Shindell D, Jiang K, et al., Mitigation Pathways Compatible with 1.5℃ in the Context of Sustainable Development, 2018。

[3] 全球 2℃和 1.5℃情景箱图包括 IAMC 数据所有情景。箱体为 25% 和 75% 百分位范围，箱内横线为中位值，箱外横线为最大值和最小值，"×"号为平均值。边际减排成本以 2010 年美元不变价衡量，以 5% 的贴现率贴现到 2015 年。

浅成本，还将导致碳排放峰值增长约 7 亿吨二氧化碳，减排成本额外增加超过 3 万亿元。

快速减排阶段（2030—2050 年），关键在于 2050 年前全面建成中国能源互联网。2030—2050 年碳排放加速下降，减排量需求快速上升，减排压力增大。通过加速建设中国能源互联网，清洁能源开发利用成本快速降低，终端电能替代技术成本下降，电网互联互通带来高可靠性、大规模、低成本的绿色电力，以低减排成本快速实现能源系统脱碳。

全面中和阶段（2050—2060 年），关键在于电能替代促进全行业深度脱碳。实施深度清洁替代和电能替代，在终端各领域电力全面普及的基础上，合理配置少量成本较高的碳捕获与封存（CCS）和直接空气捕集（DAC）等减排和负排放技术，从而降低工业、交通等领域深度脱碳的难度和成本，以较低成本实现全社会碳中和目标。

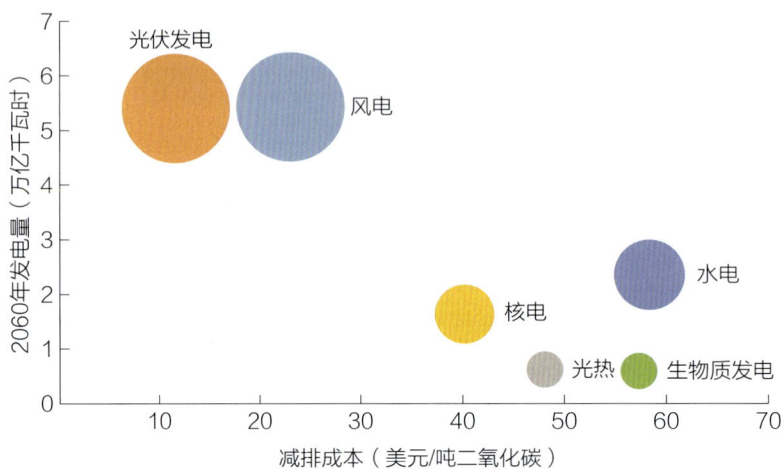

图 3.23　2060 年清洁发电技术减排成本及发电量

总体看，电网互联互通实现清洁能源大规模、低成本开发利用是降低我国碳中和整体减排成本的关键。电网互联互通能够大规模应用减排成本低的光伏、风电等清洁发电技术。建立大规模、跨区域的电力传输和交易网络能够帮助清洁能源优化配置，提升能源系统安全性，并降低碳减排成本。

3.5.2 降低能源系统投资

能源系统投资较低，占 GDP 比重约 1.2%。2020—2060 年，能源电力系统累计投资约 122 万亿元，在 GDP 中占比为 1.2%，能够以较低的能源电力系统总投资实现碳中和目标[1]。能源电力系统投资和全社会用能成本呈"先增后降"趋势，2030 年前，能源电力系统投资有所增加，主要是用于减排的能源基础设施投资及存量改造投资增加；2030 年后，能源电力系统投资下降，主要由于清洁能源大规模开发和电力供应成本大幅下降、化石能源需求下降带来燃料节省、先进工艺应用以及能效提升等方面。

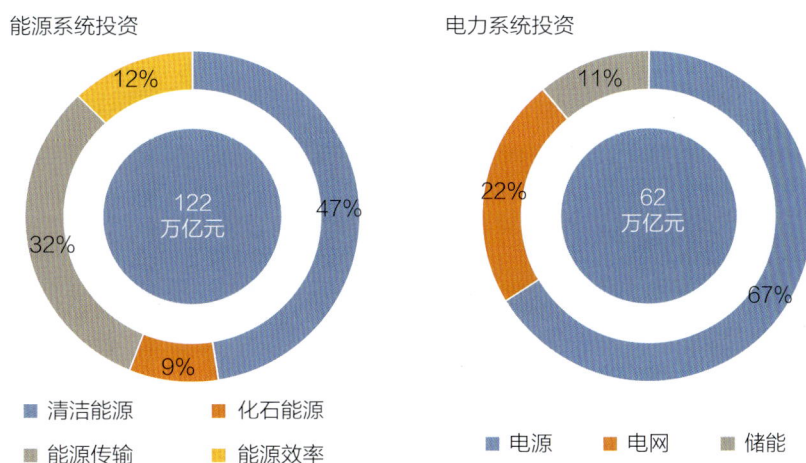

能源系统投资

电力系统投资

12%

11%

122
万亿元

47%

22%

62
万亿元

32%

67%

9%

■ 清洁能源   ■ 化石能源
■ 能源传输   ■ 能源效率

■ 电源   ■ 电网   ■ 储能

图 3.24　2020—2060 年碳中和实现路径能源电力系统累计投资及占比[2]

加速绿色零碳基础设施建设，近一半能源投资流向清洁能源。2020—2060年累计能源系统投资中，清洁能源投资占比近 1/2，化石能源投资占 9%，能源传输

---

[1] Zhou W, McCollum D L, Fricko O, et al., Decarbonization pathways and energy investment needs for developing Asia in line with 'well below' 2℃, Climate Policy, 2020, 20: 234-245。

[2] 能源系统总投资包括清洁能源投资、能源传输投资、化石能源投资和能源效率投资四项。"清洁能源投资"包括可再生能源（太阳能、风能、水能、生物质能等）投资和核能投资。"能源传输投资"是各类能源品种的传输相关投资，包括石油管道、天然气管道、常规输配电网、特高压电网、生物质传输、氢能传输等投资成本。"化石能源投资"包括化石能源开采、化石能源的终端直接使用、化石能源发电、化石能源 CCS 的投资成本。"能源效率投资"包括终端能源活动（工业、建筑和交通）为提高能效而产生的投资。均采用基年价格，累计投资未贴现。

投资占近 1/3，能源效率投资占 12%，清洁能源投资是化石能源投资的 5 倍。电力系统累计投资为 62 万亿元，约占能源系统投资的一半，储能投资占比 11%。

3.6　与现有模式延续情景比较

目前，我国能源发展总体呈现煤、油、气、清洁能源多元化发展态势，化石能源仍占主导地位。如果延续这一模式，预计 21 世纪中叶我国化石能源消费量仍超过一半。建设中国能源互联网将推动我国能源系统从当前的化石能源主导直线式发展至清洁能源主导的现代能源体系。两种模式在发展理念、实现路径上存在明显差异，以中国能源互联网促进碳中和的发展模式，在去碳化、清洁化、电气化的速度和力度方面具有显著优势。

表 3.7　碳中和实现路径与现有模式延续情景比较主要指标

领域	指标	现有模式延续情景		基于中国能源互联网的碳中和实现路径	
		2030 年	2060 年	2030 年	2060 年
碳排放	碳中和	2060 年前无法实现		2060 年前	
	能源活动排放[1]（亿吨二氧化碳）	115	82	95.8	0
能源	消费总量（亿吨标准煤）	62	65	60	59
	清洁占比（%）	20	42	31	90
电力	电能消费（万亿千瓦时）	9.5	13.5	10.7	17
	终端电气化率（%）	27	39	33	66
电源	清洁装机容量（亿千瓦）	14	41	26	77
	清洁装机容量占比（%）	47.6	78.1	67.5	96.0

[1] 此处能源活动排放考虑了 CCS、BECCS 等碳移除。

领域	指标	现有模式延续情景		基于中国能源互联网的 碳中和实现路径	
		2030 年	2060 年	2030 年	2060 年
终端领域 电气化率（％）	工业	27	38	34	54
	交通	5	15	11	81
	建筑	43	53	49	79

3.6.1　碳排放比较

大幅提升碳减排成效。与现有模式延续情景相比，建设中国能源互联网的减排速度更快、减排力度更大。到 21 世纪中叶，在保障能源供应能力 60 亿吨标准煤的基础上，能源相关碳排放降至 14.2 亿吨，单位能耗碳排放量降至 0.24 吨二氧化碳/吨标准煤，单位 GDP 碳排放强度降至 0.04 吨/万元，分别为现有模式延续情景的 1/6、1/5、1/6。构建中国能源互联网将比延续现有发展模式累计多减排二氧化碳超过 2000 亿吨。我国不仅能够实现碳中和目标，而且对全球实现《巴黎协定》温控目标减排贡献达 1/3 左右，发挥全球气候治理引领作用。

3.6.2　能源系统比较

加快能源清洁转型进程。与现有模式延续情景相比，建设中国能源互联网将大幅提升我国清洁能源发展规模和速度，促进我国成为全球清洁发展引领者。发展规模上，到 2060 年，我国清洁能源占一次能源消费比重达 90％，清洁能源装机容量达到 76.8 亿千瓦，是现有模式延续情景的 2 倍。发展速度上，2030—2060 年，清洁能源占比年均提高 2 个百分点，是现有模式延续情景的 2.5 倍多。

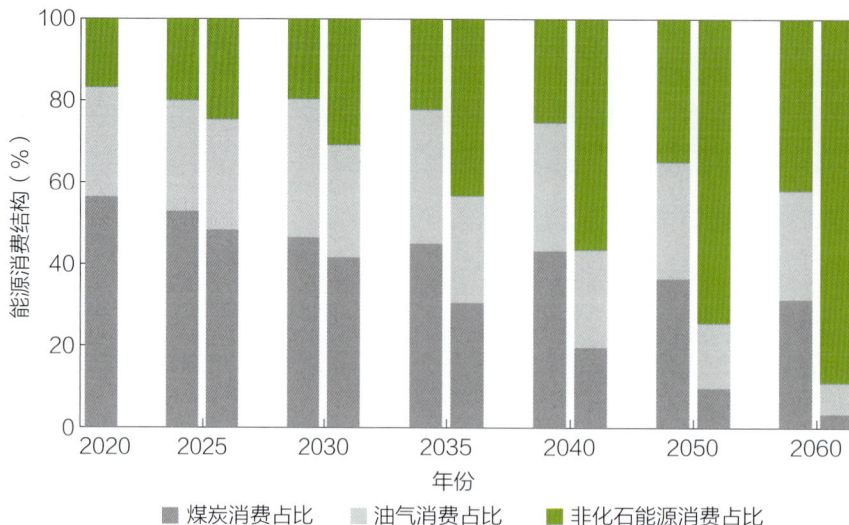

图 3.25　碳中和实现路径与现有模式延续情景能源消费总量和结构[1]

图例：■ 煤炭消费占比　■ 油气消费占比　■ 非化石能源消费占比

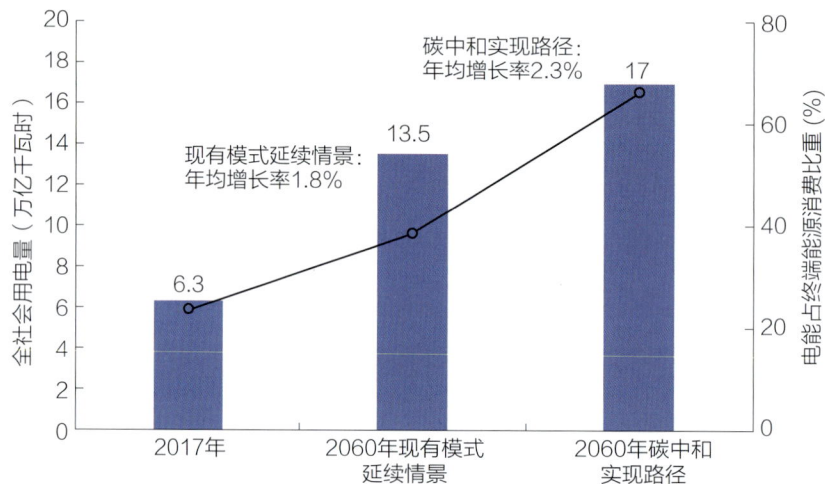

图 3.26　碳中和实现路径与现有模式延续情景全社会用电量及电能占终端能源消费比重

提升全社会电气化水平。与现有模式延续情景相比，建设中国能源互联网将显著增加我国用电规模和电气化发展速度，全社会电气化水平快速提升。发展规模上，2060 年，我国电能占终端能源消费比重达到 66%，全社会用电量达到 17 万亿千瓦时，分别是现有模式延续情景的 1.7、1.3 倍。发展速度上，2030—

---

[1] 同一年份左侧柱状图代表现有模式延续情景，右侧柱状图代表碳中和实现路径。

2060 年,我国终端电气化率每年提高 1.1 个百分点,全社会用电量增速达 1.6%,分别是现有模式延续情景的 2.8、1.3 倍左右。

3.6.3 电力系统比较

清洁能源跨越发展。通过加快供应侧清洁替代,大力发展水风光等清洁能源,碳中和实现路径清洁能源装机容量达到 76.8 亿千瓦,是现有模式延续情景的 1.9 倍左右。2030—2060 年,清洁能源装机容量年均增速达 3.7%,2060 年非化石能源发电装机容量占比达到 96%,是现有模式延续情景的 1.2 倍。

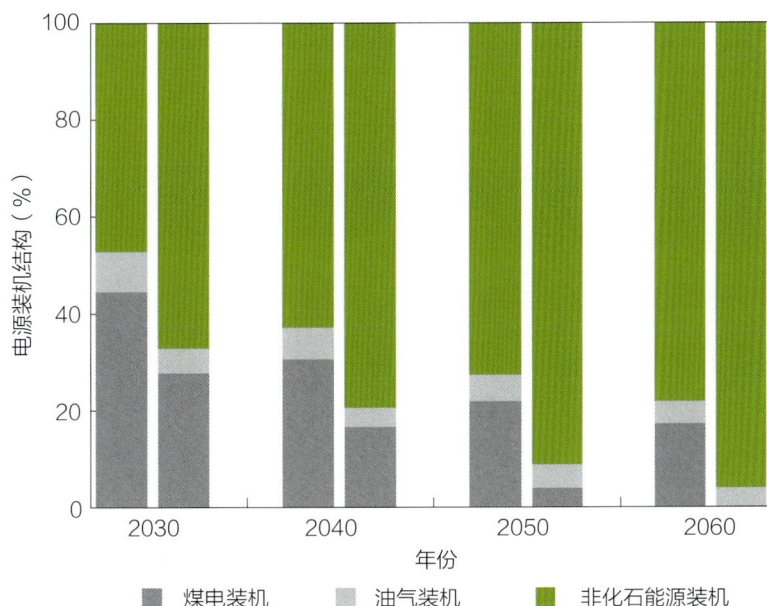

图 3.27　碳中和实现路径与现有模式延续情景电源装机总量和结构

化石能源加快转型。碳中和实现路径下,严控东中部煤电新增规模并淘汰落后产能,同时开展煤电灵活性改造,将煤电从电量型电源向电力型电源功能转变。2050 年,煤电装机容量从 2030 年的 10.5 亿千瓦下降到 3 亿千瓦左右,逐步用气电、生物质发电和氢能发电等形式替代煤电装机。到 2060 年,煤电装机全部完成退出。2030—2060 年,煤电装机容量年均下降 3500 万千瓦,化石能源转型速度提高 2 倍。

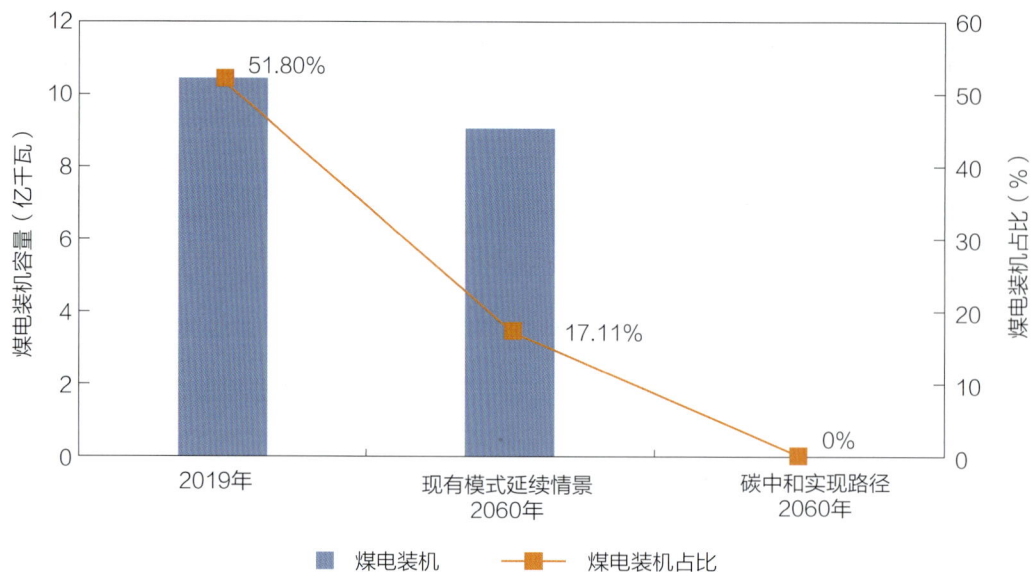

图 3.28　碳中和实现路径与现有模式延续情景煤电装机

储能新技术广泛应用。随着新材料制备、系统集成、能量管理等核心关键技术实现突破，成本下降，电化学电池等新型储能将迎来爆发式增长，2030、2050、2060 年新型储能容量将分别达到 1.3 亿、6 亿、7.5 亿千瓦。相比现有模式延续情景，2060 年新型储能规模扩大到 2 倍。

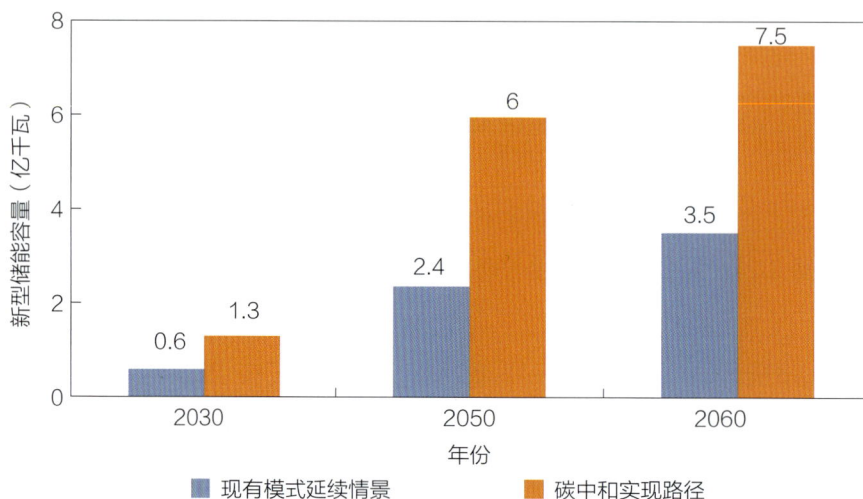

图 3.29　碳中和实现路径与现有模式延续情景新型储能容量

4 碳中和重点行动

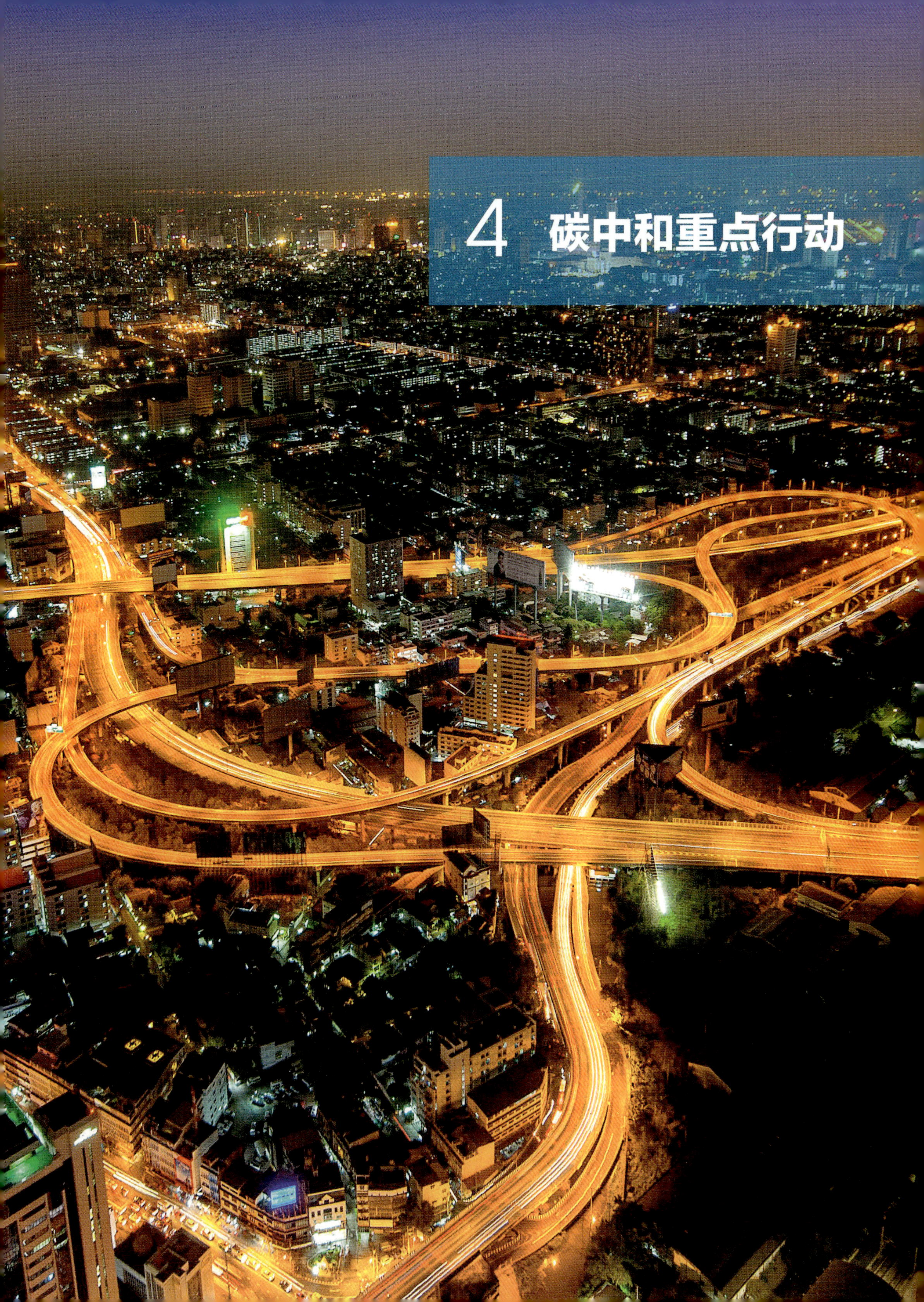

> 实现碳中和是全国层面集政策机制、方案行动、重大工程于一体的开创性系统工程。为落实碳中和目标，需要国家统一部署，在能源、工业、交通、生态等关键领域开展八大重点行动，凝聚转型动力、形成发展合力，从政府、行业、企业、个人等多层面推动落实。

4.1 清洁发展跨越行动

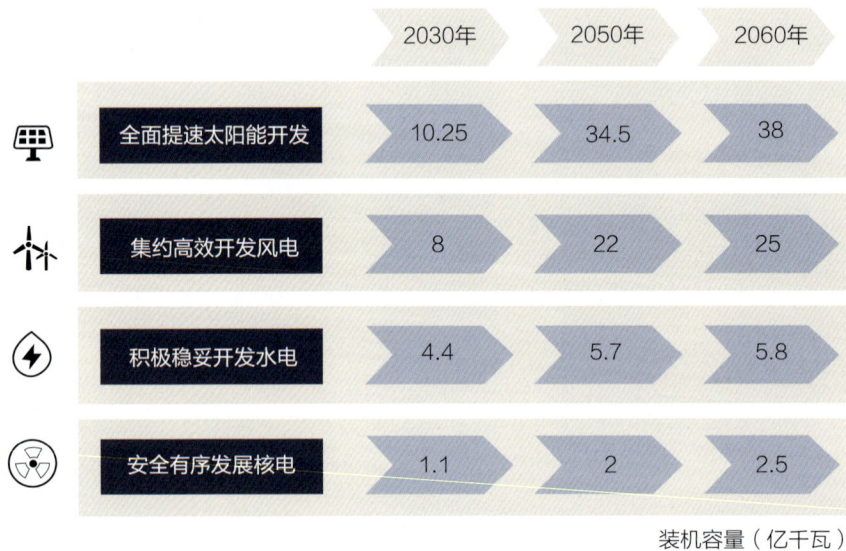

图 4.1 清洁发展跨越行动路线图

实现碳中和目标，要求 2060 年清洁能源占一次能源消费比重达到 90%，需要在现有基础上，清洁能源年均发展规模和速度扩大到 2 倍。按照集约高效、优化布局的原则，综合考虑资源禀赋、开发条件、技术经济、投入产出等因素，全面开展清洁发展跨越行动，以集约化开发建设大型清洁基地为重点，形成数十个大型太阳能发电、风电和水电基地等，全面提升我国清洁能源开发规模和速度。

4.1.1 太阳能发展

全面提速太阳能开发。加快开发西部、北部大型太阳能基地，充分利用清洁能源和沙漠、戈壁土地资源优势。在东中部地区因地制宜发展分布式光伏，合理利用屋顶厂房、园林牧草和水塘滩涂。**到 2030、2050、2060 年，光伏总装机规模分别达到 10 亿、32.7 亿、35.5 亿千瓦，光热总装机规模分别达到 0.25 亿、1.8 亿、2.5 亿千瓦。**

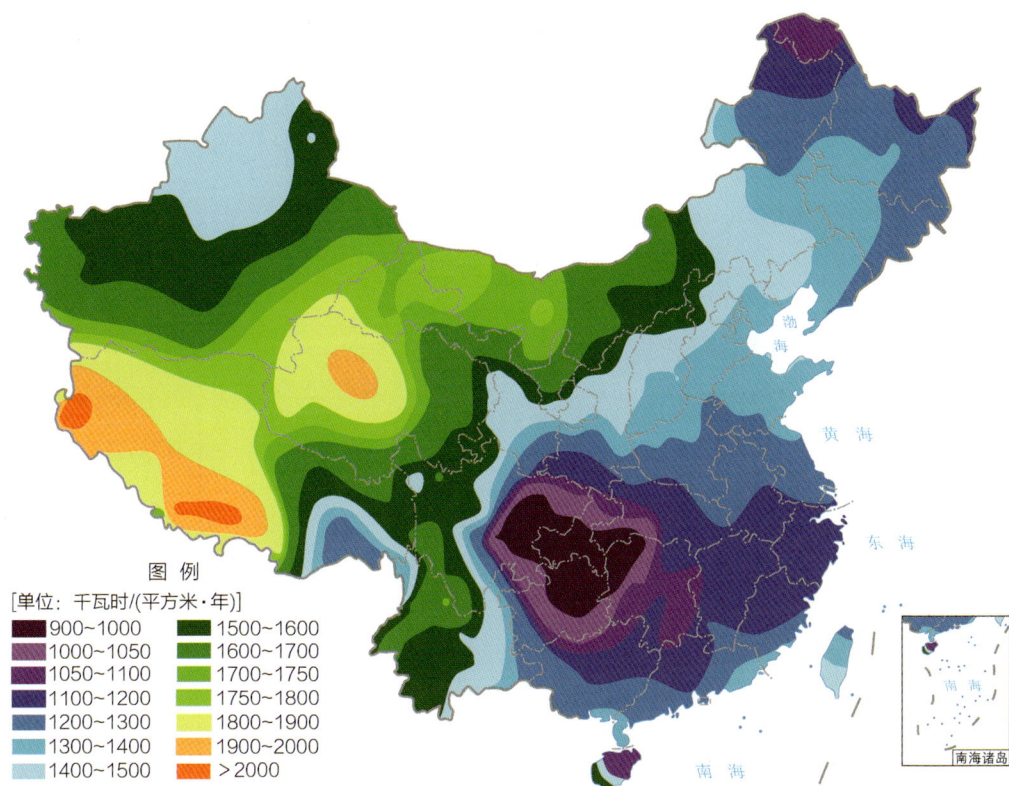

图 例

[单位：千瓦时/(平方米·年)]

900~1000	1500~1600
1000~1050	1600~1700
1050~1100	1700~1750
1100~1200	1750~1800
1200~1300	1800~1900
1300~1400	1900~2000
1400~1500	>2000

图 4.2　我国太阳能资源分布图

形成集中式与分布式并举开发格局。综合考虑我国太阳能资源和负荷中心分布，对主要大型太阳能基地开发时序进行规划，开发 18 个大型太阳能基地。主要分布在西部北部地区的新疆、青海、内蒙古、西藏等省份，预计到 2030、2050 年，总装机规模分别达到 1.8 亿、5.5 亿千瓦。

表 4.1　大型太阳能发电基地装机规模　　　　单位：万千瓦

基地名称	2030 年	2050 年
新疆昌吉	500	1300
新疆哈密	1700	2200
新疆吐鲁番	300	2200
新疆库尔勒	0	3000
新疆阿克苏	600	1500
新疆喀克	0	3400
新疆和田	500	2000
新疆民丰	0	1600
新疆且末	800	1600
新疆若羌	500	1500
青海海南州	2300	3000
青海德令哈	1200	3000
青海格尔木	0	4900
内蒙古阿拉善盟额济纳旗	3500	7380
内蒙古阿拉善盟阿拉善右旗	3900	8500
内蒙古巴彦淖尔市	1000	4000
西藏昌都	1000	2500
西藏拉萨	200	1000
合计	18000	54580

4.1.2 风电发展

集约高效开发风电。我国风能资源较好，分布广，特别是西北风能资源蕴藏量巨大，约占全国陆地风能资源的三分之一。根据我国风能资源禀赋，集约高效开发"三北"大型风电基地、东南沿海海上风电基地，因地制宜发展东中部分散式风电。**到 2030、2050、2060 年，风电总装机规模分别达到 8 亿、22 亿、25 亿千瓦。**

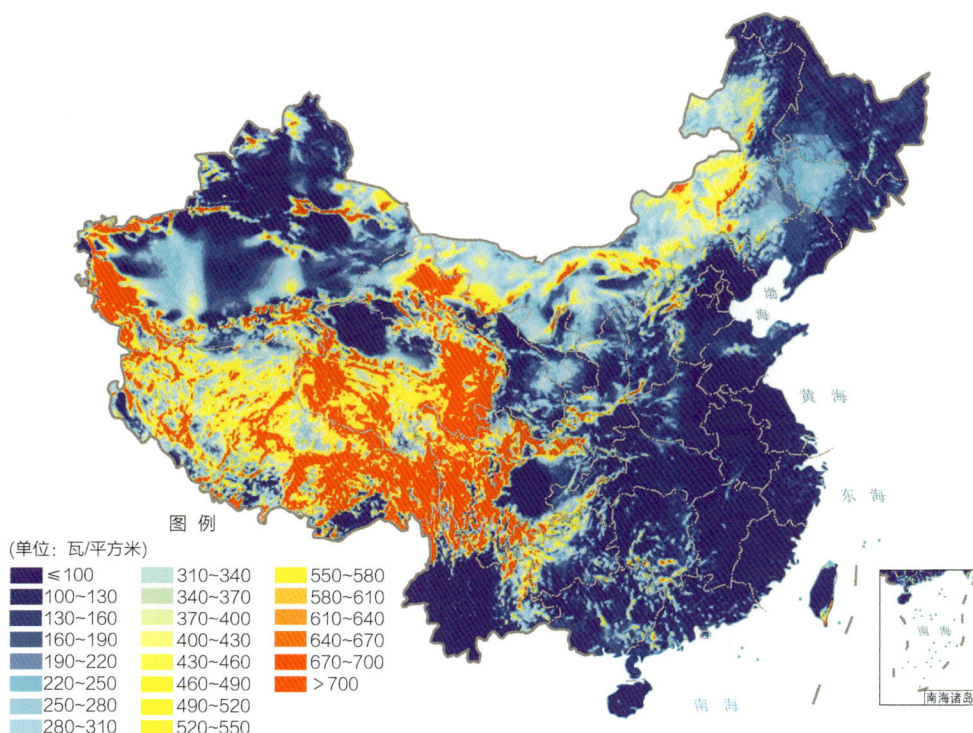

图例

（单位：瓦/平方米）

≤ 100	310~340	550~580
100~130	340~370	580~610
130~160	370~400	610~640
160~190	400~430	640~670
190~220	430~460	670~700
220~250	460~490	> 700
250~280	490~520	
280~310	520~550	

图 4.3 我国风资源分布图

形成西北陆上、东南海上风电并举格局。综合考虑我国风能资源和负荷中心分布，对主要大型陆上风电、海上风电基地开发时序进行规划，开发 21 个大型陆上风电基地和 7 个海上风电基地。新疆、甘肃、蒙东、蒙西、吉林、河北是我国陆上风电开发的主要区域，预计 2030、2050 年总装机规模分别达到 2 亿、4 亿千瓦。广东、江苏、福建、浙江、山东、辽宁和广西沿海等地区是海上风电开发的重点区域，预计到 2030、2050、2060 年总装机规模分别达到 0.5 亿、1.3 亿、1.6 亿千瓦。

表 4.2　大型陆上风电基地装机规模　　　　　　　　　单位：万千瓦

基地名称	2030 年	2050 年
新疆阿勒泰	800	1000
新疆塔城	800	1000
新疆昌吉	1500	3520
新疆博州	3000	4900
新疆哈密	200	1000
新疆吐鲁番	1000	1500
新疆若羌	800	1000
甘肃嘉酒	1500	2000
内蒙古阿拉善	1500	2400
内蒙古巴彦淖尔	1200	2000
内蒙古鄂尔多斯	750	1800
内蒙古乌兰察布	1000	2400
内蒙古锡林郭勒	600	2000
内蒙古呼伦贝尔	1000	2000
内蒙古通辽	1000	2000
内蒙古赤峰	1000	2000
吉林白城	200	800
吉林松原	200	800
吉林四平	80	500
吉林长春	160	600
河北坝上	1500	3600
合计	19790	39820

表 4.3　大型海上风电基地装机规模　　　　　单位：万千瓦

基地名称	2030 年	2050 年	2060 年
广东沿海基地	2200	6500	7500
江苏沿海基地	1300	2000	2500
福建沿海基地	260	1000	1200
浙江沿海基地	450	1000	1200
山东沿海基地	750	1400	2000
辽宁沿海基地	230	500	600
广西沿海基地	350	800	900
合计	5540	13200	15900

4.1.3　水电发展

积极稳妥开发水电。我国河流众多，径流丰沛、落差大，水能资源理论蕴藏量约 6.76 亿千瓦，水能技术发展成熟、经济性较高。根据我国水能资源禀赋与技术路线，深入推进"三江流域"大型水电基地建设，稳步推动藏东南水电开发。**到 2030、2050、2060 年，常规水电总装机规模分别达到 4.4 亿、5.7 亿、5.8 亿千瓦。**

形成西南水电集约开发格局。综合考虑我国水能资源和负荷中心分布，对主要大型水电基地开发时序进行规划，开发 7 个大型水电基地。2030 年，西南主要流域水电装机规模约 2.5 亿千瓦；随着雅鲁藏布江干支流的开发，2060 年，装机规模将达到 3.7 亿千瓦。重点开发西南地区的金沙江、雅砻江、大渡河、澜沧江、怒江、雅鲁藏布江等流域水电基地，预计到 2030、2050 年，总装机规模分别达到 1.71 亿、2.76 亿千瓦。

图 4.4　我国主要水资源及水电基地分布示意图

表 4.4　西南地区水电基地装机规模　　　　　　　　　　　单位：万千瓦

流域名称	2030 年	2050 年
金沙江	7200	8061
大渡河	2600	2681
雅砻江	2400	2895
澜沧江	3100	3157
怒江	1800	3687
雅鲁藏布江	0	5815
帕隆藏布江	0	1347
合计	17100	27643

4.1.4 核电发展

安全有序发展核电。统筹考虑设备制造和核燃料供应等条件安全有序发展核电，在作为基荷电源的同时，注重发挥其参与调峰的潜力。**到 2030、2050、2060 年，核电总装机规模分别达到 1.1 亿、2 亿、2.5 亿千瓦。**

我国已储备一定规模的核电厂址资源，沿海核电厂址主要分布在浙江、江苏、广东、山东、辽宁、福建、广西。未来，优先建设沿海核电，在加快前沿技术创新、抢占技术制高点的同时，统筹兼顾安全性和经济性，推动核电实现安全有序发展。

专栏6   **"三北"地区清洁能源高效开发案例**

"三北"地区风光资源丰富，开发条件优越。以青海省为例，青海是西北地区水能资源最丰富的省区，理论蕴藏量 2187 万千瓦；青海太阳能资源富集区主要包括海西州、海南州等，资源技术可开发量超过 30 亿千瓦，相当于 134 个三峡电站；风能资源富集区主要包括柴达木盆地西北部、中部，青海湖南部、唐古拉山区及海西州的哈拉湖周边地区，资源技术可开发量约 7500 万千瓦，且有近 10 万平方千米荒漠戈壁可供装机，综合开发条件居全国首位。2019 年，青海清洁能源发电量 779 亿千瓦时，占总发电量的 88.2%。其中，水电发电量 554 亿千瓦时，占比 71%；风电发电量 66.5 亿千瓦时，占比 8.5%；太阳能发电量 158 亿千瓦时，占比 20.3%。

互联电网搭建清洁能源优化配置平台。青海电网连接新疆、西藏、甘肃电网，在省内覆盖西宁市、海东市以及海南、海北、黄南、海西四个州和果洛、玉树州大部。西宁及海东是青海电网的核心地区，主网最高电压等级为 750 千伏。青海共建设了 18 项清洁能源汇集送出工程，并在 2020 年

7 月投产了全球第一条100%清洁电力外送通道"青海—河南±800 千伏特高压直流输电工程"。该工程是支撑青海清洁能源大规模开发利用建设的第一条特高压输电工程，年送电能力 400 亿千瓦时，能够实现我国西部可再生能源直供东中部负荷中心。

清洁能源快速发展，经济社会环保效益显著。青海通过建设大型清洁能源基地，利用特高压输电通道将本地清洁能源发电送至东中部负荷中心，能够创造巨大的售电收益。预计到 2060 年，青海每年按净外送电量约4600 亿千瓦时计算,按照清洁能源发电平均度电成本约0.14 元/千瓦时，每年可创造售电收入约 640 亿元。未来青海将建成格尔木、海南、德令哈等大型清洁能源基地集群，预计到 2060 年，青海清洁能源发电量将达到6100 亿千瓦时，有效替代煤电等化石能源发电，每年减少二氧化碳排放4.5 亿吨，减少二氧化硫、氮氧化物、可吸入颗粒物排放 180 万、70 万、35 万吨。

4.2 化石能源转型行动

实现碳中和目标，2060 年，化石能源占一次能源消费比重要降低到10%以下，需要在发电、交通等替代潜力较大的领域实现化石能源转型，形成煤电加快退出、气电适量调峰、石油转型利用的发展格局。按照清洁低碳、结构优化的原则，开展化石能源转型行动，以严控煤电规模、优化气电功能和布局为重点，合理有序减少化石能源利用，实现从高碳到低碳再到零碳的根本转型，发展碳循环及非能利用技术产业，促进煤油气主要用作原材料，更好地发挥化石能源基础设施和能源资源的经济社会效益。

		2030年	2050年	2060年
🛒	严控煤电规模（亿千瓦）	10.5	3	0
🔥	科学发展气电（亿千瓦）	1.85	3.3	3.2
🏭	化石能源回归原材料属性（化石能源非能利用比重）	6%	20%	30%

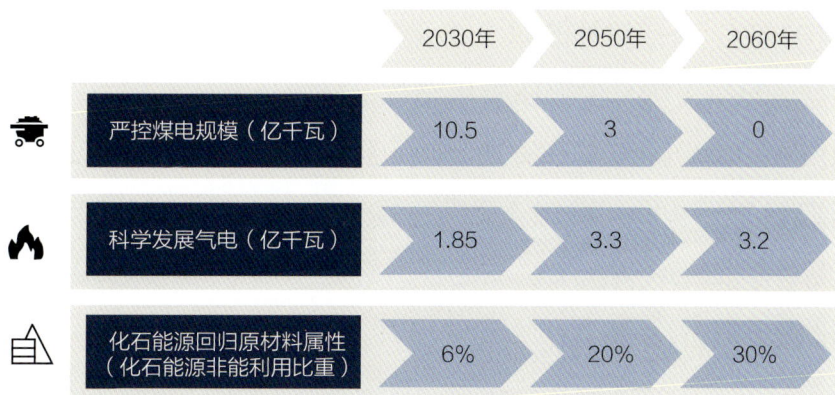

图 4.5　化石能源转型行动路线图

严控新增煤电，淘汰落后产能。东中部地区下决心停建已核准未开工项目，合理安排在建的 9000 万千瓦机组建设进度，不再核准新的煤电项目。"十四五"期间，新增煤电布局在西部北部，新建特高压工程送端配套煤电 3100 万千瓦和在建煤电 2400 万千瓦；同时，逐步淘汰关停煤电机组 4000 万千瓦，"十四五"全国净增煤电装机容量 1500 万千瓦。下决心严控东中部煤电装机规模，不再新建煤电，新增电力需求主要由区外受电和本地清洁能源满足。力争 2025 年煤电装机容量达峰，峰值 11 亿千瓦。加大煤电灵活性改造力度，将煤电功能逐步从电量型电源向电力型电源转变，主要发挥辅助服务、保障灵活性和可靠性等作用。**到 2030 年，**控制煤电装机容量下降至 10.5 亿千瓦，由清洁能源发电装机补足缺口。**到 2050 年，**煤电装机容量降至 3 亿千瓦左右。2050 年后，逐步用气电、生物质发电和氢能发电等形式替代煤电装机。**到 2060 年，**煤电装机全部完成退出。

图 4.6　2010—2019 年我国与全球其他国家净新增煤电装机情况

推动煤电转型，有序实施改建。减少煤炭消费总量，推动燃煤发电有序转型改建，循序推进燃氢发电、生物质能掺烧等措施逐步替代燃煤发电，最大程度利用现有电力资产，降低煤电资产搁浅风险。**到 2030 年，**煤电装机容量较 2025 年峰值下降约 0.5 亿千瓦，约占总装机容量的 28%。**到 2050 年，**煤电装机容量占比进一步下降至约 4%，燃氢发电装机容量 1 亿千瓦。**到 2060 年，**煤电全部退出，燃氢发电装机容量增长至 2 亿千瓦。

科学发展气电，发挥调峰作用。立足国情和资源禀赋，科学审慎发展气电，实现天然气利用转型。重点在部分调节资源不足地区适度发展燃气发电作为调峰电源，充分利用燃气机组启停快、运行灵活等优势，平抑清洁能源与负荷波动。"十四五"期间，规划新增燃气发电装机容量 5400 万千瓦，到 2025 年，总装机容量达到 1.5 亿千瓦；**到 2030 年，**气电装机容量达 1.85 亿千瓦，占总装机容量比例约 5%，主要用作调峰电源；**到 2050 年，**气电装机容量进一步提升至 3.3 亿千瓦，其中，1 亿千瓦来自煤电改建；**到 2060 年，**气电装机容量稳定在 3.2 亿千瓦左右，其中，80% 以上气电装机在东中部地区。

降低燃油消耗，推动非能利用。大幅削减燃油在交通等领域使用，推动石油作为化工原材料和战略储备资源。**到 2030 年，**力争石油消费达峰，峰值 10.6 亿吨标准煤。其中，交通领域实现燃油厉减，新增车辆的三分之一以上为电动汽车，燃油汽车总量基本达到平台期。大力发展石油制化工原料产业和技术，充分利用清洁电力推动产业转型升级，通过电烯芳烃氢❶使油高值化，多产的氢用于氢冶金等。**到 2050 年，**石油消费下降至 4.8 亿吨标准煤，占一次能源消费比重 8%。**到 2060 年，**石油消费进一步下降至约 2.2 亿吨标准煤，仅占一次能源消费比重 3.8%。其中，交通领域石油消费降至约 0.6 亿吨标准煤，工业、居民、商业及其他能源活动实现石油消费近零，非能源活动石油消费达 1.2 亿吨标准煤。

---

❶ 电烯芳烃氢指以电为能源，通过石油的催化重整等过程产生芳烃、氢气等。

专栏 7　　　　**燃氢轮机技术助力能源系统脱碳**

　　对现有燃气轮机进行升级改造能满足燃料从天然气到富氢甚至纯氢的变化。氢气单位体积热值小于天然气，保持出力不变需要增大燃料体积流量，同时，氢气在空气中的火焰速度高于天然气。因此，燃用氢气或其混合物需解决相关技术问题。一是解决回火和火焰震荡问题增加透平的安全性和可操作性，二是解决在高温和高压下富氢/纯氢燃料的自动点火问题，三是改进燃烧室结构应对较高的燃料体积流量，四是控制燃烧系统的氮氧化物排放，五是解决燃气透平与压气机工质流量的匹配问题。从现有燃气轮机改造方面来看，低于30%含氢量的改造型燃气轮机已有一定的运行经验，掺氢30%～50%的燃氢轮机处于样机试验阶段。

专栏 7 图 1　燃氢轮机部件

　　燃氢轮机技术的快速发展将加速电力系统脱碳进程。2018 年，日本三菱日立动力系统公司成功通过 30%氢混合燃料燃气轮机测试。测试结果证实，通过使用新开发的 MHPS 专有燃烧器来燃烧氢气–天然气混合气，可以实现稳定燃烧。2019 年，适用于氢浓度 50%的燃烧系统在美国通用电气公司通过实验室验证。与同等规模的燃煤电厂相比，30%的氢气系统将减少 75%以上的碳排放，而 100%的氢气系统将完全消除碳排放。未来随着燃氢轮机技术的进一步发展，100%燃氢发电的推广普及将加速电力系统的脱碳化进程。

化石能源转型行动

4.2　化石能源转型行动

4.3　能源互联互通行动

　　加快我国清洁能源开发，解决能源资源与负荷需求逆向分布的问题，需要在全国范围搭建能源互联平台，建立健全市场交易机制。按照广域配置、统筹兼顾的原则，开展能源互联互通行动，以构建东部、西部同步电网和全国电-碳市场为重点，通过构建特高压骨干网架促进清洁能源大规模开发和高效消纳，加快打造全国零碳能源优化配置平台，以充足、可靠的清洁电力保证实现碳中和目标。

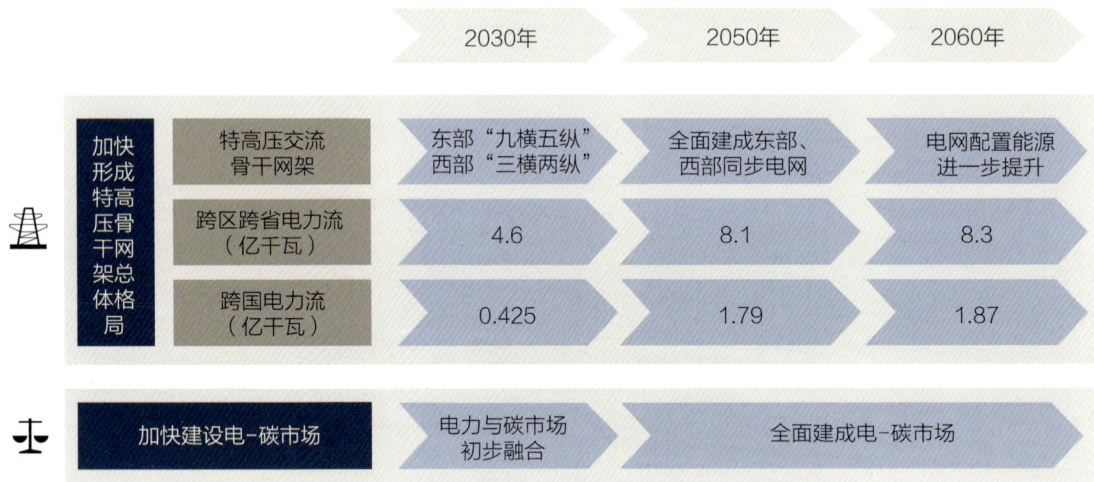

		2030年	2050年	2060年
加快形成特高压骨干网架总体格局	特高压交流骨干网架	东部"九横五纵"西部"三横两纵"	全面建成东部、西部同步电网	电网配置能源进一步提升
	跨区跨省电力流（亿千瓦）	4.6	8.1	8.3
	跨国电力流（亿千瓦）	0.425	1.79	1.87
加快建设电-碳市场		电力与碳市场初步融合	全面建成电-碳市场	

图 4.7　能源互联互通行动路线图

4.3.1　电网互联互通

　　加快建设以特高压为骨干网架的东部、西部两个同步电网，加强与周边国家互联互通，形成"西电东送、北电南供、多能互补、跨国互联"的电网总体格局。未来我国跨省跨区电力流规模将持续扩大。

4.3.1.1　2030 年形成东部"九横五纵"、西部"三横两纵"格局

　　东部电网："三华"建成"七横五纵"特高压交流主网架。华北优化完善特高压交流主网架，加强蒙西电源基地外送通道，新建乌兰察布—张北、榆横—上

海庙—蒙西特高压交流通道，提升电源基地汇集和外送能力。华中特高压交流环网进一步向西、向南延伸，覆盖宜昌、怀化、湘南、赣州、吉安等地区，形成"四横三纵"交流主网架。华东沿海特高压交流通道进一步向南延伸至厦门。华北—华中晋东南—南阳互联通道扩建为 3 回线路，华中—华东增加吉安—泉州、赣州—厦门特高压交流互联通道。南方形成"两横三纵"特高压交流主网架，覆盖两广负荷中心，通过湘南—桂林、赣州—韶关、厦门—潮州与"三华"特高压交流电网相连、形成环网结构。

西部电网： 初步形成西北、西南（含云南、贵州）坚强网络平台。西北形成连接甘肃南部、青海和新疆东部的特高压交流通道，与西北 750 千伏地区供电主网架相连；西南建成以川渝"日"字形特高压交流环网为中心，连接四川西南部、云南东北部、贵州西部的特高压交流主网架；西南–西北通过果洛–阿坝的纵向特高压交流通道联网，构成西部交流同步电网。

跨国： 重点建设俄罗斯远东、蒙古清洁能源基地送电中国特高压直流输电通道，中国送电韩国、日本、越南等直流输电通道。

到 2030 年，我国跨区跨省电力流将达到 4.6 亿千瓦，跨国电力流约 4250 万千瓦。

4.3.1.2 2050 年全面建成坚强可靠的东部、西部同步电网

东部电网： "三华"建成"八横五纵"特高压交流主网架。三华新增濮阳、郑州、无锡、黄石、荆州等负荷站，增强电网安全稳定性，内蒙古增加"一横两纵"特高压通道，进一步提升电源基地汇集和外送能力。东北建成"四横三纵"特高压交流主网架，加强电源基地的汇集和外送能力，加强与"三华"的互联通道。南方建成"两横四纵"特高压交流主网架，新增"一纵"河池—百色交流通道，并向北延伸与怀化相连，与"三华"形成 4 个互联通道。进一步加强东部、西部电网之间直流联网通道，加大西电东送规模，满足东部负荷中心用电需要。

西部电网：整体建成"四横五纵"特高压交流主网架。特高压交流网架向西向北延伸至雅鲁藏布江水电基地、拉萨、新疆且末和哈密新能源基地，满足西北风光基地外送和西南地区电力接续外送需要。加强川渝、云南和贵州地区特高压交流主网架，云南建成"日"字形特高压交流主网架，并与贵州相连，增强川渝和云南负荷中心地区的受电能力。重点加强西北地区准东、哈密等清洁能源基地和西南地区藏东南水电基地外送特高压直流网架。

跨国：进一步提高电力交换规模，加强哈萨克斯坦、俄罗斯、蒙古清洁能源基地送电中国特高压直流输电通道，建设中国送电老挝、印度、越南、韩国、日本、巴基斯坦特高压直流输电通道。

到 2050 年，我国跨区跨省电力流将达到 8.1 亿千瓦，跨国电力流 1.79 亿千瓦。

4.3.1.3 2060 年电网资源配置能力大幅增强

增强特高压电网的负荷潮流疏散能力，在东中部负荷中心新增石家庄西、开封南、浙西等特高压负荷站，保证负荷中心的用电需求，同时进一步增强电网安全稳定性；加强西部电网互联互通能力，增加卓尼—松潘—绵阳特高压交流通道，增强西北和西南电网间水风光互补互济能力；进一步增强跨国互联能力，增加蒙古塔班陶勒盖—江苏连云港的特高压直流输电通道，受入蒙古清洁电力满足华东负荷中心的用电需求。

到 2060 年，我国跨区跨省电力流将达到 8.3 亿千瓦，跨国电力流 1.87 亿千瓦。

4.3.2 电—碳市场建设

构建中国电—碳市场，以促进清洁低碳发展、实现碳达峰碳中和为目标，加快构建有效竞争的市场体系、价格体系和交易体系，形成主要由市场决定能源价格的机制，是中国能源互联网基础平台的重要组成部分。

建设电—碳市场需要将现有的电力市场和碳市场管理机构、参与主体、交易产品、市场机制等要素进行深度融合，将传统的电能交易和碳排放权交易相结合，以统一电—碳产品提升清洁能源市场竞争力、以统一机构实现低市场成本管理、以统一参与主体最大范围调动社会参与积极性、以统一运行机制促成高效高质量减排，推动能源系统清洁化发展，形成全国范围跨行业跨领域的统一交易市场。通过实施"三个构建"建立全国电—碳市场，即生产环节构建主体多元的竞价体系，消费环节构建减排与收益相关的激励机制，配置环节构建"统一市场、统一运作"的交易模式，为打造清洁低碳、安全高效的现代能源体系，实现碳达峰碳中和提供坚实机制保障。

近期（到 2030 年），实现电力与碳市场整体融合，推动市场繁荣。完成电—碳市场决策机构、市场交易中心、市场监管机构等主要职能部门组建，率先吸纳能源生产、输配、销售企业和终端用能企业参与市场交易。构建全国范围一体化交易模式，能源生产在市场中与销售及终端用能企业交易电—碳实物产品，以电—碳交易、中长期及现货交易、清洁发展基金等清洁发展机制促进能源生产清洁化和能源消费电气化；能源输配企业在市场中与能源生产、终端用能企业交易电—碳辅助服务、输电容量等产品，以能源配置机制推动全国清洁能源大范围优化配置；市场管理机构为市场主体提供市场数据分析、信息咨询服务，以市场保障机制确保电—碳市场建设初期平稳运行。

中长期（2050 年前），加强市场全面建设，完善加强各项机制实施，形成完整的电—碳市场管理体系，纳入中介服务机构和金融投资机构参与市场交易。持续优化一体化交易架构，开展电—碳、辅助服务等实物类产品交易，输电容量等权证类产品，电—碳期货、期权等金融类产品，数据分析、信息咨询等咨询服务类产品交易；完善发电容量交易、需求响应交易、电—碳净计量、电—碳绿色债券等清洁发展机制，建设并推广应用电—碳金融衍生品交易、电—碳资产管理体系、市场信用管理体系等市场保障机制。

专栏 8   电力互联推动东中部地区煤电退出案例

东中部地区清洁替代空间大，电网互联基础好、调节能力强。 以山东省为例，2019 年，装机容量 1.5 亿千瓦；其中，煤电装机容量 1 亿千瓦，占比 68.5%，清洁替代潜力大。"十三五"以来，山东省不断加强电网建设，提高电力系统调峰和新能源消纳能力，已建成 5 个特高压交流落点为重要支撑、2 条直流深入负荷中心的"五交两直"网架结构，特高压交流形成环网结构。其中，通过扎鲁特—青州、上海庙—临沂 2 回 ±800千伏直流及银川东—青岛 1 回 ±660 千伏直流，跨省受电 2000 万千瓦，贯彻落实"外电入鲁"。

大力发展清洁能源，扩大省外清洁电力受入。 未来东中部地区清洁能源发电快速发展，推进陆上、沿海风电和太阳能基地规模化发展，集中式与分散式并举，辅助性开发分布式新能源。以山东省为例，预计 2030、2050、2060 年全省总装机容量分别为 2.3 亿、4.3 亿、4.6 亿千瓦，清洁能源装机容量占比从 2030 年的 56% 增长到 2060 年的 83%。加强 1000 千伏特高压交流骨干网架，进一步加强区域 500 千伏主网架，预计 2030、2050、2060年全省跨省受入电力规模分别为 2800 万、7900 万、8200 万千瓦。其中，2050 年，通过蒙古—山东 ±800 千伏特高压直流，跨国受入清洁电力 1600万千瓦。

电力互联互通促进替代煤电。 通过电力互联互通扩大省外清洁电力输入规模，迅速替代本地燃煤发电。以山东省为例，到 2030 年，煤电装机规模降至 9000 万千瓦。2030 年后，通过加快扩大省外受电规模，以清洁电力替代煤电让出的容量空间，2035 年煤电装机容量降至 7000 万千瓦，2050 年在东中部地区内提前实现"零煤电"，2030—2050 年，年均退出煤电 450 万千瓦，2030、2050、2060 年省外受电实现清洁替代电量分别达到 1540 亿、4200 亿、4400 亿千瓦时。通过省外受电和清洁替代，2060 年，减少二氧化碳排放 3 亿吨，分别减少二氧化硫、氮氧化物、可吸入颗粒物排放 130 万、50 万、26 万吨。

4.4 全面电能替代行动

实现碳中和目标，要求 2060 年电能占终端能源消费比重接近 70%，需要在工业、交通、建筑等领域全面加快电能替代进程，逐步构建起以电为中心的能源使用体系。按照技术引领、经济高效的原则，开展全面电能替代行动，以更大

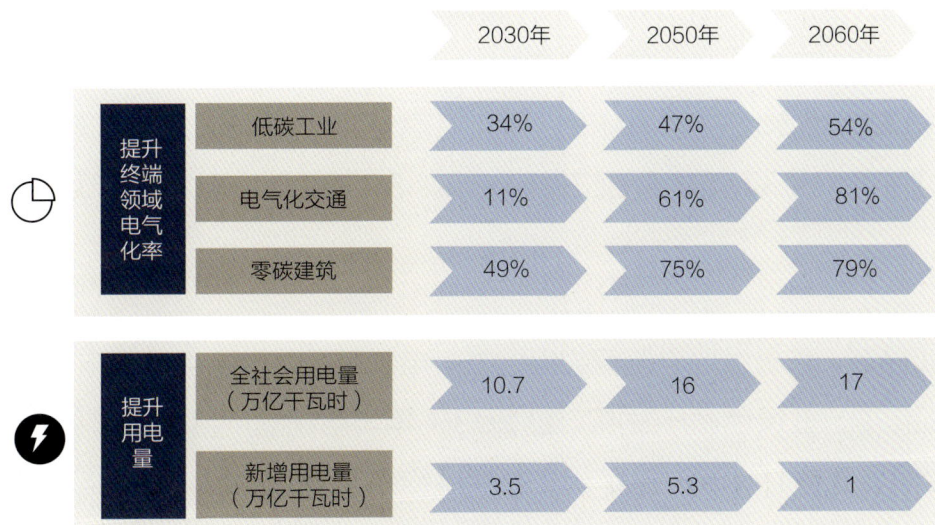

		2030年	2050年	2060年
提升终端领域电气化率	低碳工业	34%	47%	54%
	电气化交通	11%	61%	81%
	零碳建筑	49%	75%	79%
提升用电量	全社会用电量（万亿千瓦时）	10.7	16	17
	新增用电量（万亿千瓦时）	3.5	5.3	1

图 4.8 全面电能替代行动路线图❶

---

❶ 2030 年新增用电量指相对 2019 年的新增用电量。

领域的电能替代和发展电制原材料及燃料为重点，加快形成以清洁电力为基础的工业、交通、商业、居民生产生活体系，使电能成为最主要的终端能源品种，以能源利用环节的电气化促进全社会脱碳。

4.4.1　工业领域

钢铁领域，加快发展电炉钢，积极推动氢能炼钢产业化发展。**到 2030 年，**我国电炉钢与氢能炼钢占总钢产量的比重将分别达到 35%、1%，电能、氢能占钢铁行业能源消费的比重将分别达到 21%、2%。相比 2017 年，钢铁行业新增电能消费 5300 万千瓦时，电气化率提高 11 个百分点，替代化石能源 1.6 亿吨标准煤。氢能消费 60 万吨，替代化石能源 600 万吨标准煤。**到 2050 年，**工业产业结构优化调整，产品质量持续升级，钢铁需求相比 2030 年将下降 50%以上。

建材领域，发展水泥电窑炉、玻璃电熔融炉、陶瓷电窑炉等建材电加热炉，降低建材行业煤炭使用。**到 2030 年，**水泥、玻璃电窑炉产量占比将分别达到 5%、30%。相比 2017 年，煤炭占建材能源消费的比重由 70%下降至 58%，新增用电量 0.1 万亿千瓦时，相当于替代 0.35 亿吨标准煤化石能源消费，电气化率由 2017 年的 24%提高至 37%。**到 2050 年，**水泥、玻璃需求相比 2030 年将分别下降 60%、30%以上，电能利用规模进一步提升。

化工领域，积极发展电制氢、电制氨、电制甲醇、电制甲烷等电制原材料技术，实现化工行业绿色循环发展。**到 2030 年，**电制氢产量将达到 400 万吨，消耗电量约 2000 亿千瓦时，替代化石能源约 1000 万吨标准煤，电制氨规模达到约 1000 万吨，可增加用电 4000 亿千瓦时，电制甲醇实现示范应用，电制甲烷产量可达到 100 万立方米。**到 2050 年，**我国氢产量将达到 5000 万吨，电制氨、电制甲烷、电制甲醇实现广泛应用。

4.4.2　交通领域

公路运输，制订燃油车退出计划，加快电动汽车产业发展，推动充电基础设施网络建设，推动氢燃料电池汽车关键技术研发突破，健全氢能产业链，有效提升公路运输行业电气化率。**到 2030 年，**我国电动汽车保有量超过 6000 万辆，约占总保有量的 16%，氢燃料汽车保有量占重型货车总量的比例达到 5%。电能、氢能消费量达 5400 万、3000 万吨标准煤，电气化率达到 9%。**到 2050 年，**电动汽车保有量约 3.2 亿辆，电动汽车替代率达 2/3，氢燃料电池车保有量约 1900 万辆，其中重型载货车约 300 万辆，占重型货车总量的比例达到 90%。**到 2060 年，**电动汽车保有量约 3.9 亿辆，替代率超过 90%。

铁路运输，加快高速电气化铁路建设和改造，加速地铁、轻轨等城市轨道交通建设，缓解市内道路堵塞。**航空运输，**加快电动飞机技术发展，推动研发零排放混合燃料电池飞机技术，通过电动力和清洁电力制氢动力实现航空运输减排。推进机场桥载电源工程建设，持续扩大机场廊桥岸电工程覆盖范围。**水路运输，**加快电动船舶技术发展，推动大型氢燃料电池船舶商业化投运。实现岸电技术、装备、标准突破，建设岸基电源直接对船舶供电的示范工程并逐步推广实施，持续扩大港口岸电工程覆盖范围。

4.4.3　建筑领域

采暖领域，大力推广零碳、高效的空气源热泵供暖，采用蓄热式电锅炉供暖，推动燃气设备产氢改造，以清洁、高效、经济的方式提供热力，大幅降低采暖用煤比例。**到 2030 年，**供暖领域电气化率达到 20% 以上，煤炭占比降低到 50% 以内。**到 2050 年，**进一步改善热源结构，整体提升系统与设备效率。

炊事领域，推广电炊事技术，替代炊事中的煤炭和天然气使用。逐步在天然气管道中掺一定比例的氢能，促进炊事领域掺氢天然气使用。**到 2030 年，**城市人口百户电炊具拥有件数达到 140 件，农村人口百户电炊具拥有率达到 70%，炊事领域电气化率达到 40%以上。**到 2050 年，**城市人口百户电炊具拥有件数达到 260 件，农村电炊具基本实现全普及。

生活热水领域，推广使用便捷、安全、寿命长的电热水器，满足即热供水需求，替代生活热水中的燃气使用。逐步在天然气管道中掺一定比例的氢能，促进生活热水领域掺氢天然气使用。**到 2030 年，**生活热水领域电气化率达到 50%。**到 2050 年，**生活热水领域电气化率将进一步提升。

4.5　产业转型升级行动

产业结构是影响经济体碳排放量和碳排放强度的重要因素。实现碳中和目标需要推动我国产业转型升级，提高经济质量效益和核心竞争力，实现绿色低碳和可持续经济增长。按照创新引领、优化布局、提质增效的原则，以能源产业转型升级带动战略性新兴产业发展，促进传统高耗能高污染产业低碳转型，加快产业结构优化升级和现代化经济体系建设，实现经济绿色低碳、高质量发展。

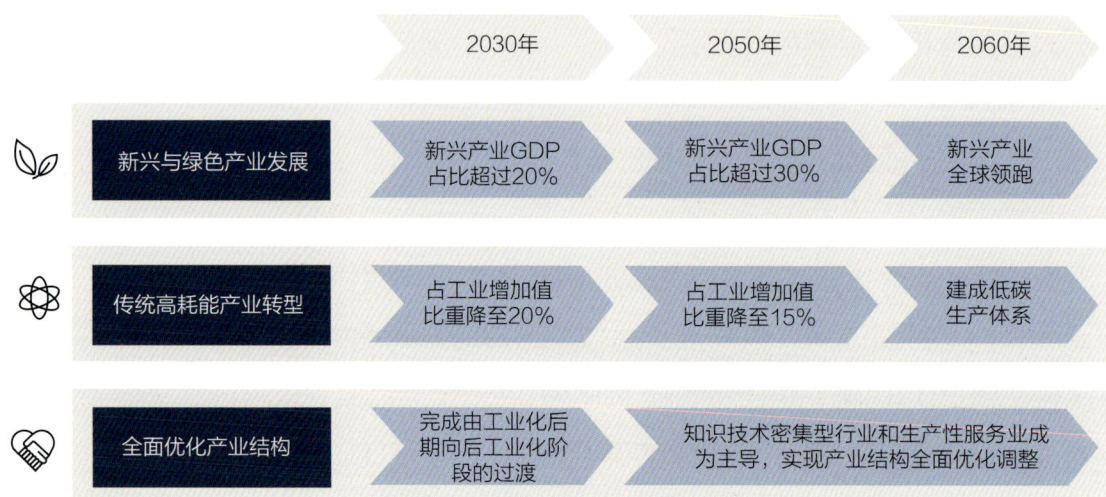

图 4.9　产业转型升级行动路线图

着力培育战略性新兴产业。 发挥战略性新兴产业❶在我国新发展阶段拉动经济增长、创造就业岗位、促进低碳发展的引擎作用。大力发展新一代信息技术、高端装备制造、新材料、生物新能源、新能源汽车等知识、技术密集型产业。推进战略性新兴产业与大数据中心、电动汽车充电网络等新型基础设施建设的高效联动发展。统筹产业发展目标、能源转型目标和低碳发展目标，依托产业示范园区、产城融合等模式协同推进战略性新兴产业集群化发展和低碳城市建设。**到2030年，** 战略性新兴产业占GDP比重超过20%，助力我国成为世界重要的制造中心和创新中心，初步实现产业基础高级化、产业链现代化。**到2050年，** 战略性新兴产业占GDP比重超过30%，实现制造强国目标，成为新能源、高端装备制造等产业领域的领跑者，基本建成覆盖所有城市和农村的新型绿色智慧基础设施体系。**到2060年，** 战略性新兴产业实现全面领跑，位于全球产业链和价值链顶端，在全球范围内引领信息、能源、生命等领域原创性、颠覆性、支撑性的技术开发和标准体系建设。

推动绿色产业跨越式发展。 推动建立可量化、可核查、可报告的绿色产业❷发展指标，完善和创新绿色金融体系建设，促进气候友好型产品开发和项目投融资，形成成熟的绿色信贷、绿色债券、绿色股票指数、绿色保险、碳金融等金融工具体系。构建形成市场导向型的绿色技术创新体系和绿色产业体系，强化产品全生命周期绿色管理，发挥企业在绿色技术研发、成果转化、示范应用和产业化中的主体作用。以绿色产业发展促进新型工业化、信息化、城镇化和农业现代化建设。**到2030年，** 绿色金融体系基本建设完善，绿色产业规模显著扩大，节能环保行业、清洁能源产业和绿色服务保持年均8%~10%的增长率，一批代表性企业具备全球领先的低碳供应链管理水平。**到2050年，** 形成成熟的市场导向型绿色产业体系，大部分企业在生产供应链和产品生命周期实现碳中和。**到2060年，** 绿

---

❶ 根据《战略性新兴产业分类（2018）》，战略性新兴产业主要包括：新一代信息技术产业、智能制造装备产业、新材料产业、生物产业、新能源汽车产业、新能源产业、高效节能产业、数字创意产业和相关服务业等九大类。

❷ 根据绿色产业指导目录（2019年版），绿色产业主要包括：节能环保产业、清洁生产产业、清洁能源产业、生态环境产业、基础设施绿色升级和绿色服务六大类。

色技术和绿色服务在政府公共管理、企业生产经营、居民生活消费中的渗透率进一步提升，形成覆盖全社会的碳足迹管理体系。

优化传统高耗能产业格局。进一步优化空间布局，提升行业集中度，通过技术创新、优化工艺提升产业附件值。随着我国传统大规模基础设施建设节奏放缓，逐步压减整体产能水平，积极开展国际产能合作，促进有大规模基建需求的国家和地区承接我国部分优势产能。提高准入门槛，加快落后产能淘汰，保持高耗能行业占工业增加值比重稳步降低。深挖高耗能产业电能替代、清洁发展潜能，推进能效提升，持续增强高耗能行业的碳生产力水平。**到 2030 年，**六大高耗能行业占工业增加值比重降至 20%左右，钢铁、水泥产量处于达峰后的下降期，重点节能低碳技术成熟，低碳生产改造初步完成。**到 2050 年，**六大高耗能行业占工业增加值比重降至 15%左右，钢铁、水泥、化工、有色金属等高耗能领域的低碳技术实现规模化应用。**到 2060 年，**高耗能行业能效水平达到全球领先，形成低碳生产体系。

全面加速优化产业结构。以知识技术密集型行业和生产性服务业成为主导，实现产业结构全面优化调整和绿色低碳转型。促进服务业优质高效发展，进一步扩大对外开放、放宽市场准入，提升就业能力，在全球和区域经贸合作框架下，积极推动生产型服务业向专业化和价值链高端延伸，提升国际竞争力，扩大服务贸易出口。**到 2030 年，**完成由工业化后期阶段向后工业化阶段的过渡，服务业吸纳就业人口比重超过 60%，服务出口保持 7%左右年均增长，标准化、规模化、品牌化、网络化和智能化水平显著提升。**到 2050 年，**服务业吸纳就业人口比重超过 70%，知识密集型服务出口占服务出口总额 80%以上。**到 2060 年，**服务业吸纳就业人口比重超过 75%，数字服务、信息通信、现代金融、文化创意等高端服务产业规模和竞争力达到全球一流水平。

4.6　能效综合提升行动

实现碳中和目标，需要在能源生产、加工、转化及使用环节提升效率，实现能源利用由粗放型向集约型转变。按照效率优先、综合集成的原则，开展能效综合提升行动，提升发电及工业、交通、建筑等终端领域的能源效率，加快构建综合能源服务完整产业链，形成绿色集约化能源生产及消费模式，促进能源各领域提质增效。

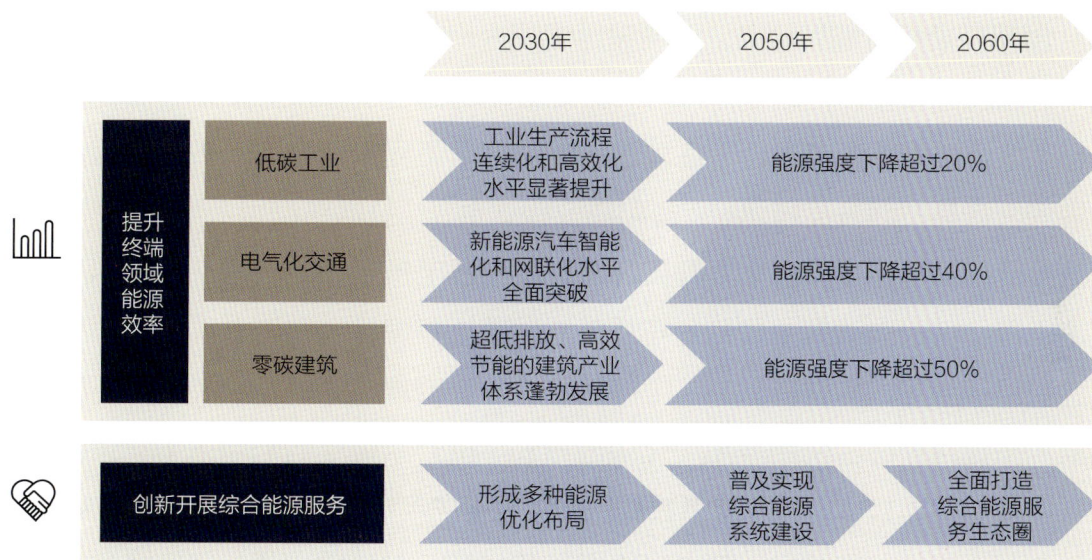

		2030年	2050年	2060年
提升终端领域能源效率	低碳工业	工业生产流程连续化和高效化水平显著提升	能源强度下降超过20%	
	电气化交通	新能源汽车智能化和网联化水平全面突破	能源强度下降超过40%	
	零碳建筑	超低排放、高效节能的建筑产业体系蓬勃发展	能源强度下降超过50%	
创新开展综合能源服务		形成多种能源优化布局	普及实现综合能源系统建设	全面打造综合能源服务生态圈

图 4.10　能效综合提升行动路线图

提升终端领域能源效率。围绕提高生产效率、提高清洁程度、提高能源服务质量，大力实施科技创新和制度创新，加快节能环保新工艺、新材料、新装备研发和应用，提升工业、交通、建筑领域用能的绿色化、高效化、智能化水平。在工业领域优化钢铁、有色金属、化工等高耗能行业生产流程，充分利用清洁能源发电促进二氧化碳循环高效利用，形成电制备氢能、甲醇、甲烷、氨等燃料和原材料的生产新模式和产业链。在交通领域提高车辆燃油标准，增强电动汽车和氢燃料汽车的能量密度、续航里程和智能水平，普及共享汽车等出行方式。在建筑领域发展数字化、智能化的楼宇供能，加强建筑节能改造，提升空间制热、制冷设备能效，推动绿色建筑、超低能耗建筑等发展。**到2030年，**工业生产流程的连续化、高效化、智能化水平显著提升，电制燃料和原材料的转化效率、经济性水平显著提升，逐步具备竞争力，新能源汽车行驶性能、应用场景及智能化和网联化水平全面突破，超低排放、高效节能的绿色建筑技术、装备和产业体系蓬勃发展。**到 2050 年，**推广循环经济模式应用，实现高效生产、智慧交通、节能建筑的完整产业生态链。**到 2060 年，**全面优化能源使用体系，工业、交通、建筑领域能源强度分别较当前下降 20%、40% 和 60% 以上。

创新开展综合能源服务。围绕满足终端客户多元化能源生产与消费需求，以能源互联网为载体，构建电为中心、智能互动的综合能源服务体系，加强能源技术与互联网技术的深度融合，在能源规划设计、工程投资建设、多能源运营以及投融资服务等方面开展技术、装备和商业模式创新，打造新型能源电力消费市场，提高综合能源利用效率。大力开展燃煤、燃气发电机组和热电联产机组的灵活性改造工程，积极推动集中式和分布式储能示范工程建设。在产业园区、大型公用设施和居民小区，加强冷、热、电、气等能源生产耦合集成和互补利用，因地制宜推广多能互补综合利用等集约化供能方式，提升系统综合利用效率。运用综合能源评估与诊断技术，开展能源数据服务，为用户定制差异化综合能源解决方案，实现不同用户的节能减排。**到 2030 年，**形成电、热、冷、气、氢等多种能源优化布局、高效利用新模式。**到 2050 年，**普及园区、城市、区域综合能源系统，助力节能改造、满足终端用户多元化需求。**到 2060 年，**打造社会综合能源服务生态圈，实现集成式服务。

4.7 零碳社会建设行动

实现碳中和目标需要全社会、系统性的转变，在城市与农村建设、生产与生活、思想与文化等多方面落实行动，促进形成零碳经济和文化氛围。按照理念先行、全面普及的原则，开展零碳社会建设行动，以在城市与农村建设能源互联网为重点，通过零碳城市建设、美丽乡村建设以及低碳生活方式普及，打造集清洁能源、绿色设施、低碳农牧一体的发展模式，全面形成绿色、零碳、循环的经济社会发展方式。

	2030年	2050年	2060年
遵循绿色理念 建设零碳城市	建设300个 零碳城市	零碳城市普 及率90%	全面普及 零碳城市
发展低碳农牧 建设零碳农村	首批农业农村 零碳化	零碳农村普 及率90%	全面普及 零碳农村
转变传统思维 推广低碳文化	建立绿色GDP 导向	全面建成低 碳生产体系	全面构建零 碳经济社会

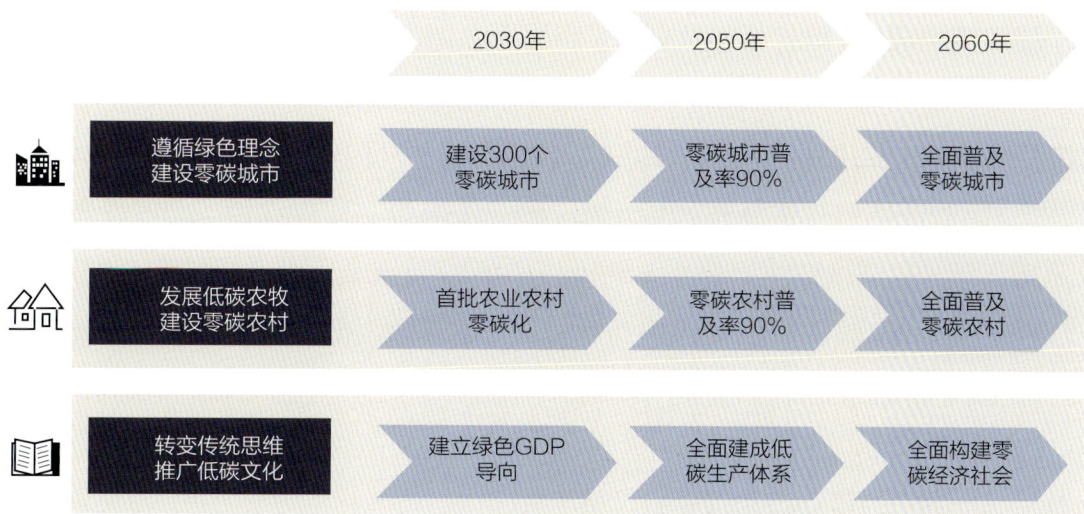

图 4.11　零碳社会建设行动路线图

遵循绿色理念，建设零碳城市。构建城市层面能源互联网，通过以电为中心的城市能源系统带动交通、照明、供暖、制冷等协调优化运行，实现各行业、各领域绿色低碳发展。综合考虑不同城市的特点，在全国范围多元、有序推动零碳城市建设。**到 2030 年，**打造多类零碳城市新模式，建设零碳城市（区、县）超过 300 个。**到 2050 年，**以点带面加速建设零碳城市，实现普及率超过 90%。**到 2060 年，**全面普及零碳城市。同时，通过零碳城市建设对新型基础设施与技术的需求带动经济增长，降低生产成本，激发经济活力与市场潜力，创造就业岗位，在加速实现碳中和的同时培育经济增长新动能，推动形成兴产业、稳投资、促消费、增就业的零碳经济社会发展方式。

发展低碳农牧，建设零碳农村。大力普及农村沼气，发展秸秆汽化、固化，开发太阳能、风能、微水电等可再生能源。加快省柴灶、节能炕和节煤炉的升级换代，推进农业机械节能，降低化石能源消耗。转变生产方式，推广秸秆还田、保护性耕作和禁牧、休牧、退牧还草等措施，减少农田和畜禽养殖的甲烷和氧化亚氮排放，增加农田土壤和草地碳汇。坚持经济发展与生态保护并举，将零碳农村建设纳入乡村振兴战略中，在全国范围分梯次推进建设。**到 2030 年，**实现东中部地区第首批农业农村零碳化。**到 2050 年，**以点带面加速建设零碳农村，实现普及率达 90% 以上。**到 2060 年，**全面普及零碳农村。

转变传统思维，推广低碳文化。政府层面以绿色增长新理念引导各层面发展，企业层面积极行动构建低碳生产和商业体系，个人层面不断提高低碳科学知识和素养，形成低碳生活行为规范，转变"过度消费""便利消费""一次性消费"等消费模式，改变高碳的生活方式和习惯。**到 2030 年，**建立绿色 GDP 发展导向。**到 2050 年，**形成低碳生产体系。将低碳价值导向与市场规律相结合，发展以低碳为特征的产品、服务体系和新型商业模式，不断增强低碳竞争力。**到 2060 年，**将低碳理念融入生活、工作的各个领域，形成零碳经济社会发展新形态。

4.8 生态治理协同行动

实现碳中和目标需要促进生态治理与自然碳汇协同发展，满足负排放和碳汇需求。按照开发和保护并重、防治和修复结合的原则，开展生态治理协同行动，以能源—生态创新发展模式为重点，将中国能源互联网与"基于自然的解决方案"深度融合，实现荒漠化土地防、治、用有机结合，以清洁能源开发促进自然增汇和负排放，推动经济、社会、环境全面协调发展。

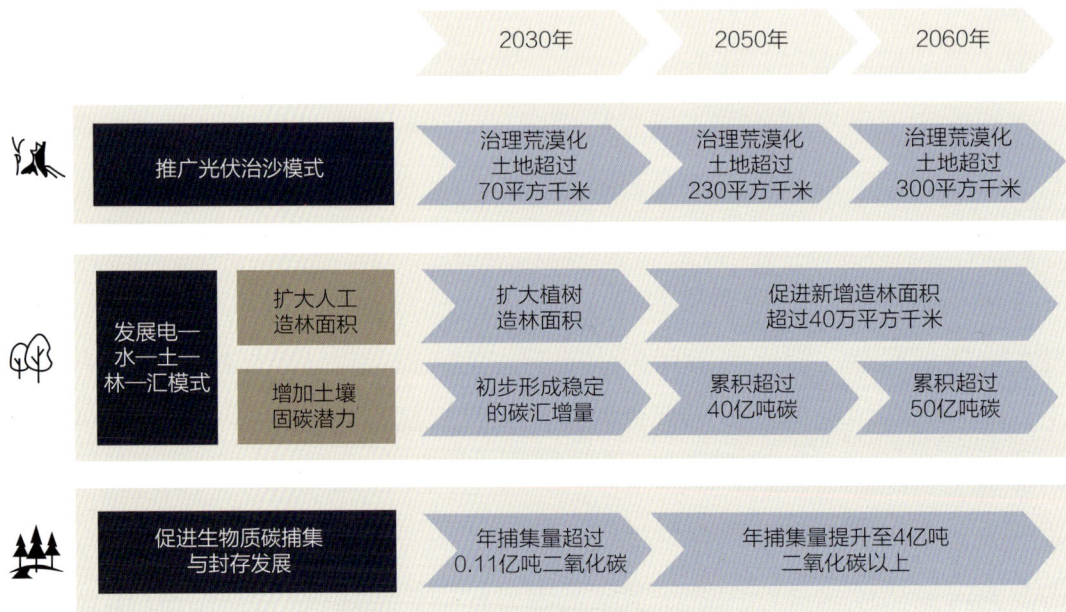

图 4.12 生态治理协同行动示意图

"光伏治沙"促进荒漠土地恢复。"光伏治沙"是指大规模开发光伏发电基地，通过光伏组件板增加地表粗糙度和覆盖度，减缓地表风速，减少降水冲击和阳光直射，增加区域降水并有效降低土壤水分蒸发量，从而改善植物生长环境，实现土地荒漠化治理。利用电力基础设施的遮挡和支撑等作用，建设光伏治沙生态电站，发展绿色立体经济，实施"板上发电、板下种植、板间养殖"的模式，高效协同地实现治理荒漠化土地目标，有效促进生态系统修复。**到2030年，**开发示范试点项目，在重点区域推动光伏治沙模式的发展和优化，在西北地区治理荒漠化土地超过70平方千米。**到2050年，**充分利用土地资源，高效发挥各项措施治沙协同作用，在西北地区实现治理荒漠化土地超过230平方千米。**到2060年，**全面提升清洁能源利用的生态修复促进作用，在西北地区实现治理荒漠化土地超过300平方千米。

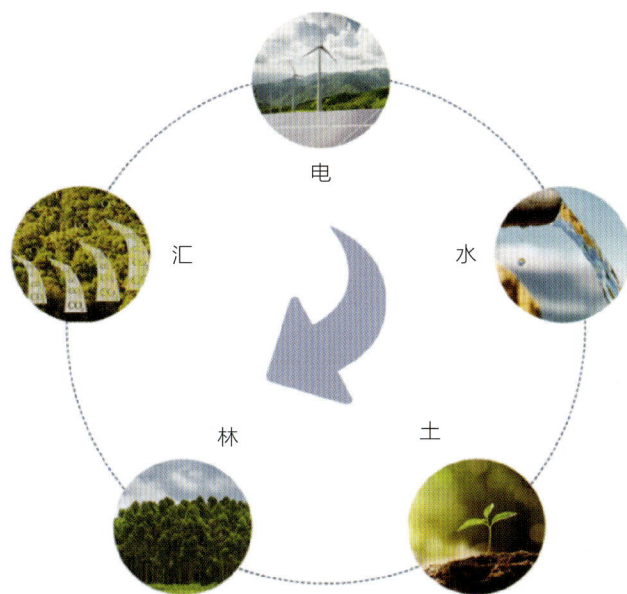

图 4.13　电—水—土—林—汇生态修复发展模式

"电—水—土—林—汇"模式推动植树造林与土壤固碳。"电—水—土—林—汇"模式是指以清洁电力供应推动海水（咸水）淡化工程发展，解决植物生长的水资源缺口，促进植树造林、植被自然恢复、土壤固碳潜力增加等，从而提升自然碳汇。**到2030年，**继续以经济效益为引导，鼓励有条件的地区集中连片退耕还林，实现植树造林的标准化、规模化和可持续化。**到2050年，**在推广植树造林的同时，通过"电—水—土—林—汇"模式提升干旱地区土壤固碳能力，实现累积增加土壤固碳超过 40 亿吨。**到 2060 年，**新增造林面积超过 40 万平方千米，累积增加土壤固碳超过 50 亿吨。

因地制宜发展生物质碳捕集与封存。依托能源互联带来的能源优势与经济收益，全面提升 BECCS 相关的生物质资源潜力，提高农业剩余物、林业剩余物和能源植物的可利用范围，在各领域、各环节推动技术进步，重点包括生物燃料制造、生物质发电、BECCS 技术推广等。**到 2030 年，**基于现有的乙醇工厂、水泥厂、制浆造纸厂以及生物质混燃和生物质纯发电厂，推进 BECCS 技术项目，开发示范试点项目，通过 BECCS 技术实现年捕集量超过 1000 万吨二氧化碳。**到 2050 年，**在推行 BECCS 项目的同时，合理配置资源，通过综合评估 BECCS 与土地资源、水资源、粮食需求、生物多样性等之间的相互关系，因地制宜推动 BECCS 项目规模化发展。**到 2060 年，**年捕集量超过 4 亿吨二氧化碳，为实现全社会碳中和提供所需负排放。

专栏 9   **生态脆弱地区的创新生态治理模式**

    生态脆弱地区是开展生态治理协同行动的重点区域。我国生态脆弱地区分布面积大，脆弱生态类型多。以内蒙古自治区为例，该自治区位于我国北方干旱半干旱区，荒漠化面积大、防治经验丰富。在以内蒙古自治区为代表的生态脆弱地区推动生态治理，因地制宜发展防沙治沙模式，通过打造"中国之肺"，促进区域经济社会、能源电力、生态环境协同发展，为中国实现碳中和提供创新探索与碳汇保障。

    融合基于自然的解决方案，多路径推动实现生态治理与产业发展。以中国能源互联网为基础，深度融合基于自然的解决方案发展理念，通过创新利用清洁开发多途径促进生态治理与自然碳汇，能够推动农、林、牧、光、游多产业协同发展，实现区域绿色化、零碳化。以内蒙古西部为例，一是风电光伏并举，支撑荒漠治理。统筹规划、有序开发，在荒漠戈壁区域、

专栏 9 图 1　内蒙古库布齐沙漠达拉特光伏发电应用领跑基地

矿山废弃地发展太阳能发电、风电产业，有效支撑当地土地荒漠化治理。到 2060 年，蒙西太阳能、风能发电装机容量提升至约 3.6 亿、2.1 亿千瓦，共计占总装机容量约 81%。二是加速电网互联，创造绿色收入。坚持清洁电力区内消纳与打捆外送并举，利用电网互联互通促进当地清洁能源配置与消纳，变资源优势为经济优势，为生态治理行动创造"绿色收入"。到 2060 年蒙西电力外送能力超过 1.2 亿千瓦。三是产业有机结合，丰富生态文化。以能源互联网为平台、清洁基地为土壤、绿色资金为保障，推动形成"农、林、牧、光、游"多产业融合发展格局，把发展光伏、光热、风电等产业与沙漠有机农业、沙漠风情旅游和地域文化产业有机结合起来，推动生态产业化和产业生态化，最大限度地放大清洁基地的生态效益、经济效益和社会效益。

光伏开发创造"水林田湖草"共同体，创新模式实现循环创收。以内蒙古为例，通过清洁发展促进生态治理，可治理库布齐等地区荒漠 6000 多平方千米，大幅提升森林覆盖率、植被覆盖度至 15.7%、53%，约固碳 1540 万吨，涵养水源超过 240 亿立方米，释放氧气 1830 万吨，把漫天黄沙变成"绿色银行"。通过推广"板上发电、板下种植、板间养殖"创新模式。一方面，光伏发电可以直接产生经济效应，还可以为板间养殖提供能源。另一方面，通过板下种植形成特色生态种植产业，其剩余物能为板间养殖提供饲料，形成特色生态畜牧产业，而畜牧粪料又可以作为肥料反哺种植。通过互联互通大电网将清洁电能送至负荷地区，进一步创造经济效益，为地区生态治理提供经济保障。

5　碳中和的关键技术与潜力

低碳零碳技术是实现碳中和目标的关键。中国能源互联网为低碳零碳技术发展提供集成创新平台。发挥我国在能源电力领域的优势，形成技术集成、系统综合、包容性强的关键技术体系，重点在清洁替代、电能替代、能源互联、能效提升、碳捕集利用与封存、负排放等 6 大领域 30 类技术开展研发攻关和推广应用，争取重大创新突破，综合运用关键技术组合，挖掘更大减排潜力，支撑实现我国全社会及能源活动实现碳中和目标。

清洁替代指能源生产和消费实施清洁替代，包括发电领域以清洁能源替代化石能源发电及清洁能源在终端直接利用[1]。**电能替代**指能源消费侧实施电能替代，以电代煤、以电代油、以电代气、以电代初级生物质，包括工业领域钢铁、建材等能源消费密集型行业电能替代，交通领域电动汽车、氢燃料电池汽车等，建筑领域电采暖、电炊事、热泵等技术应用，电制氢等电制燃料及原料技术，终端能源消费结构逐渐形成电为中心的消费结构。**能源互联技术**指我国输电骨干网架，包括特高压输电技术、柔性直流输电等先进输电技术，以及电化学储能、抽水蓄能、氢储能等大规模储能技术。**能效提升**指能源生产、加工转换运输、能源利用各环节能源效率提升，包括发电领域发电效率提高、工业领域工业设备改进、交通领域燃油标准提升、建筑节能改造等方面促进能源利用效率提升。**碳捕集利用与封存技术**指将化石燃料燃烧产生的二氧化碳收集起来，并储存以避免其排放到大气中的技术。**负排放技术**通过碳捕捉的方式回收减少大气层中的二氧化碳，主要包括生物质碳捕集与封存（BECCS）、直接空气捕集（DAC）和土地利用变化和林业（LULUCF）。

---

[1] 清洁利用是指终端清洁能源的直接利用，包括太阳能、地热能、生物质等。

减排领域　　　　　　　　　　　减排技术

图 5.1　基于中国能源互联网的零碳技术体系

5.1　清洁替代技术

清洁发电作为零碳电源相比化石能源将更具竞争力。风电、光伏等发电成本将进一步下降，预计 2050、2060 年清洁发电占比分别达 92%、97%，2060 年清洁发电量达到 16.5 万亿千瓦时，相当于避免煤电排放 140 亿吨二氧化碳。工业、交通、建筑领域太阳能直接利用、生物质能制热及氢能广泛利用可以大幅降低能源消费侧化石能源燃烧排放。到 2060 年，清洁替代累积减排贡献达 52%。

5.1.1　清洁发电

清洁电源成为主导电源，2060 年，风电、太阳能发电、常规水电、核电、生物质发电占比分别达 34%、36%、13%、10%、2%。风电和太阳能发电技术日益成熟，发电效率不断提升，度电成本持续降低，2060 年，装机规模可达到 63.5 亿千瓦，是清洁发电减排主体；水力发电技术成熟，度电成本基本稳定，2060 年，全国水电规模 7.6 亿千瓦，作为灵活调节电源发挥稳定器作用；光热发电技术正趋于成熟，目前度电成本较高，2060 年，规模 2.5 亿千瓦，发挥储能调节作用；核电机组性能不断提高，成本下降有限，规模 2.5 亿千瓦；生物质发电有望加快发展，成本逐渐下降，规模达到 1.8 亿千瓦，结合碳捕集技术，可以提供一定负排放，是碳中和不可或缺的减排手段。

5.1.1.1　光伏发电

技术特点：光伏发电是利用半导体的光生伏特效应将光能直接转变为电能的一种技术，也是目前进步最快、发展潜力最大的清洁能源发电技术。按照太阳能电池的技术路线可分为晶硅电池和薄膜电池两大类。晶硅电池组件的转换效率达到 24.4%，薄膜电池组件的转换效率达到 19.2%[1]。截至 2019 年年底，我国光

---

[1] Green M A , Ewan D. Dunlop , Dean H. Levi , et al., Solar cell efficiency tables (version 55), Progress in Photovoltaics Research & Applications, 2019, 21(5):565-576。

伏发电装机容量 2.05 亿千瓦，占总装机容量的比重为 11%。近十年，全球光伏发电的平均度电成本已从 2.5 元/千瓦时大幅下降到 0.38 元/千瓦时[1]。

发展趋势：提高光伏电池转换效率是未来发展的重点。其中，降低光损失、载流子复合损失和串并联电阻损失是提高电池转换效率的重要攻关方向，研究制造新型多 PN 结层叠电池，是突破单结电池效率极限的关键。**预计到 2030 年，**晶硅电池组件转换效率有望达到 26.1%，铜铟镓硒薄膜电池组件转换效率有望达到 21%；新型多 PN 结层叠电池有望实现商业化，组件的转换效率达到 30%；光伏发电规模化开发的平均度电成本预计将降至 0.15 元/千瓦时。**预计到 2050、2060 年，**新型多 PN 结层叠电池将得到广泛应用，组件的转换效率有望达到 35%、37%。光伏发电规模化开发的平均度电成本有望降至 0.1、0.07 元/千瓦时。

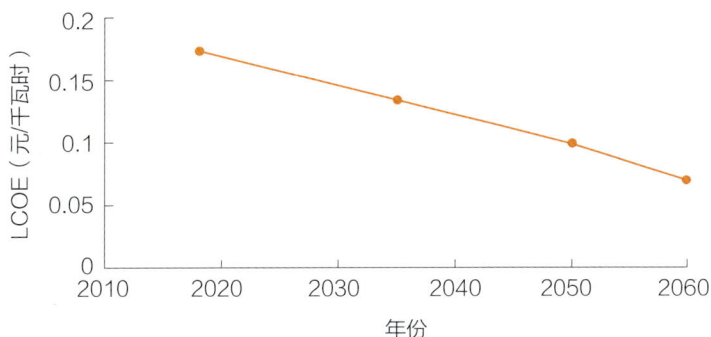

图 5.2　光伏发电度电成本预测

应用潜力：我国太阳能资源技术可开发量超过 1172 亿千瓦，主要集中在西部北部地区。这些地区太阳能平均辐照强度超过 1800 千瓦时/平方米[2]。西部北部地区资源品质好，地广人稀，开发成本低，适宜集中式、规模化开发。**预计到2030 年，**我国光伏装机容量增至 10 亿千瓦，占总装机容量的比重约 26%；发电量达到 1.35 万亿千瓦时，占总发电量的比重为 12.3%。**预计到 2060 年，**我国光伏装机容量增至 36 亿千瓦，占总装机容量的比重约 45%；发电量达到 5.4万亿千瓦时，占总发电量的比重为 31.5%。

---

[1] 彭博新能源财经（BNEF），1H2020 Solar PV LCOE Update，2019。
[2] 全球能源互联网发展合作组织，清洁能源发电技术发展与展望，北京：中国电力出版社，2020。

5.1.1.2 光热发电

技术特点： 光热发电技术是通过反射太阳光到集热器进行太阳能的采集，再通过换热装置产生高压过热蒸汽来驱动汽轮机进行发电，实现"光—热—电"的转化。光热电站按照集热方式不同，主要可分为槽式、塔式、碟式和线性菲涅尔式四种。目前，槽式光热电站主要采用水或导热油为传热工质，系统运行温度在 230～430℃；塔式光热电站主要采用熔融盐传热，温度在 375～565℃。截至 2019 年年底，我国光热装机容量约 45 万千瓦。全球光热电站的平均度电成本还较高，约为 1.33 元/千瓦时[1]，我国光热电站的平均度电成本约为 0.97 元/千瓦时。

发展趋势： 提高光热电站的运行温度和转化效率是未来发展的重点。其中，改进和创新集热场的反射镜和跟踪方式、研发新型硅油、液态金属、固体颗粒、热空气等新型传热介质、研发超临界二氧化碳布雷顿循环等新型发电技术是重要攻关方向。**预计到 2030 年，** 光热电站传热及发电环节工作温度超过 600℃，储热效率提高到 90% 左右，发电效率达到 50%；平均度电成本有望降至 0.56 元/千瓦时。**预计到 2050、2060 年，** 光热电站传热及发电环节工作温度达到 800、900℃，储热效率提高到 95% 以上，发电环节采用超临界二氧化碳布雷顿循环发电技术，发电效率达到约 65%；平均度电成本有望降至 0.33、0.3 元/千瓦时。

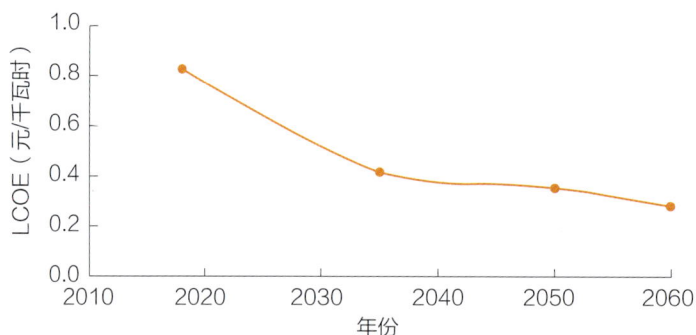

图 5.3　光热发电度电成本预测

---

[1] International Renewable Energy Agency, Renewable power generation costs in 2018, 2019.

应用潜力：预计到 2030 年，我国光热装机容量增至 2500 万千瓦，占总装机容量的比重约 0.66%；发电量达到 800 亿千瓦时，占总发电量的比重为 0.73%。**预计到 2060 年，**我国光热装机容量增至 2.5 亿千瓦，占总装机容量的比重约 3.1%；发电量达到 8000 亿千瓦时，占总发电量的比重为 4.7%。

5.1.1.3 风力发电

技术特点：风力发电是将风的动能转化为电能的技术，是未来最具规模化开发应用前景的能源发电技术之一。风力发电技术经历了数十年的发展，技术和装备正日趋成熟。目前，全球陆上风机的平均单机装机容量 2.6 兆瓦，平均风轮直径 110.4 米；全球海上风机的平均单机装机容量 5.5 兆瓦，平均风轮直径 148 米[1]。截至 2019 年年底，我国风电装机容量约 2.1 亿千瓦。风力发电成本下降迅速，全球陆上风电平均度电成本 0.33 元/千瓦时，海上风电平均 0.55 元/千瓦时[2]。

发展趋势：未来，提升风电单机容量和效率、大规模开发海上和极地风电、提升机组电网友好性是风电技术的主要发展方向。其中，叶片结构设计、新型叶片材料研发、海上风机基础结构选择和结构模态分析、载荷计算和疲劳分析、风机抗低温运行技术、叶片除冰技术等是重要攻关方向。**预计到 2030 年，**陆上风机平均风轮直径有望达到 150 米，平均单机容量超过 4 兆瓦；海上风机平均风轮直径有望达到 200 米，平均单机容量超过 10 兆瓦。陆上风电平均度电成本有望降至 0.25 元/千瓦时，海上风电有望降至 0.6 元/千瓦时。**预计到 2050、2060 年，**陆上风机平均风轮直径有望达到 220、230 米，平均单机容量超过 12、15 兆瓦；海上风机平均风轮直径有望达到 250 米，平均单机容量超过 20、25 兆瓦。陆上风电平均度电成本有望降至 0.17、0.15 元/千瓦时，海上风电有望降至 0.37、0.3 元/千瓦时。

---

[1] International Renewable Energy Agency, Innovation outlook offshore wind, 2016。
[2] 彭博新能源财经（BNEF），1H2020 Wind LCOE Update, 2019。

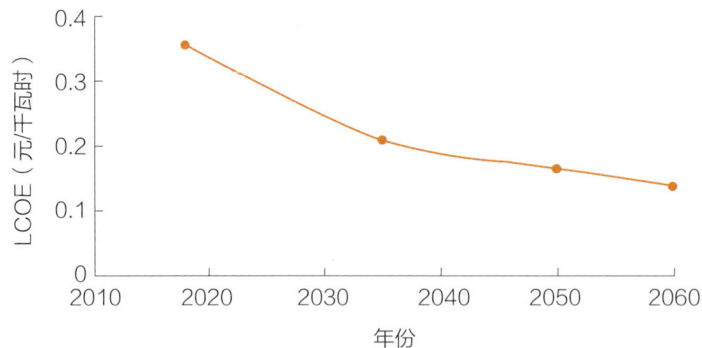

图 5.4　陆上风电度电成本预测

应用潜力：我国风能资源技术可开发量超过 56 亿千瓦，主要集中在西部北部地区，年平均风功率密度超过 200 瓦/平方米。**预计到 2030 年，**风电装机容量增至 8 亿千瓦，占总装机容量的比重约 21%；发电量达到 1.6 万亿千瓦时，占总发电量的比重为 15%。**预计到 2060 年，**我国风电装机容量增至 25 亿千瓦，占总装机容量的比重约 31%，发电量达到 5.9 万亿千瓦时，占总发电量的比重为 34%。

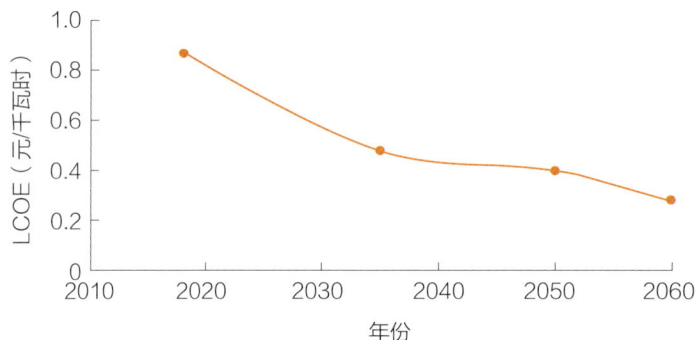

图 5.5　海上风电度电成本预测

5.1.1.4　水电

技术特点：水力发电是将水的势能转变成机械能，再转变成电能的过程。经历超过百年的发展和应用，水电已经成为最成熟的可再生能源发电技术。全球已投运的最大混流式水轮机单机容量达到 77 万千瓦，采用 100 万千瓦单机的中国白鹤滩水电项目正在建设；冲击式水轮机组最大单机容量达到 42.3 万千瓦，最高水头达到 1869 米；可逆式水轮机组的最大单机容量达到 48 万千瓦，最高扬程达到 778 米，最高转速达到 500 转/分。截至 2019 年年底，我国水电装机容量达到 3.6 亿千瓦。水力发电经济性较好，全球水电平均度电成本为 0.25~0.5 元/千瓦时，低于风电和光伏的平均水平。

发展趋势：未来，应用最为广泛的大型混流式水轮机，用于高水头水电资源开发的冲击式水轮机和用于电力系统调峰的变频调速抽蓄机组的设计、研发和制造技术是发展重点。其中，水力设计、稳定性研究、电磁设计和结构优化、推力轴承制造和水电机组控制等方面是重要的攻关方向。**预计到 2030 年，**大型混流式水轮发电机组有望实现单机容量 107 万千瓦，最高水头 670 米；冲击式水轮发电机组，有望实现单机容量 54 万千瓦，最高水头 1950 米；变频调速抽蓄机组有望实现单机容量 53 万千瓦，最高扬程 860 米，转速 570 转/分。**预计到 2050 年，**大型混流式水轮发电机组有望实现单机容量 150 万千瓦，最高水头 800 米；冲击式水轮发电机组，有望实现单机容量 80 万千瓦，最高水头 2200 米；变频调速抽蓄机组有望实现单机容量 75 万千瓦，最高扬程 1000 米，转速 700 转/分。考虑到技术进步装备成本下降、水电资源开发条件日趋复杂的多重因素作用，预计度电成本将稳定在 0.3~0.5 元/千瓦时范围或小幅上涨。

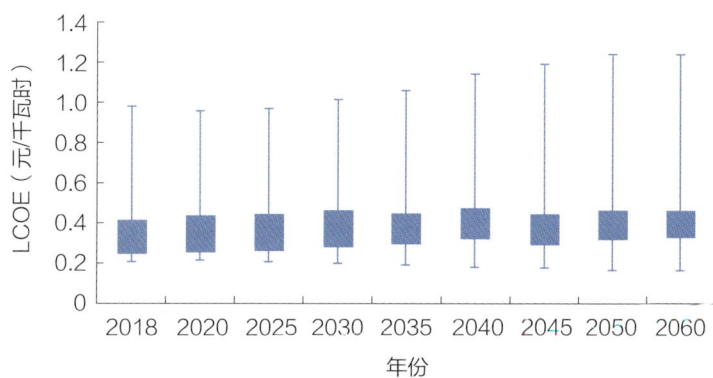

图 5.6　水电度电成本预测

应用潜力：根据《水电发展"十三五"规划》，我国水力资源技术可开发装机容量 6.6 亿千瓦，年发电量 3 万亿千瓦时。**预计到 2030 年，**我国常规水电装机容量增至 4.4 亿千瓦，占总装机容量的比重约 12%；发电量达到 1.7 亿千瓦时，占总发电量的比重为 16%。**预计到 2060 年，**我国常规水电装机容量增至 5.8 亿千瓦，占总装机容量的比重约 7.3%，发电量达到 2.3 万亿千瓦时，占总发电量的比重为 13%。

5.1.1.5　核电

技术特点：核能发电技术是利用核反应堆中核裂变所释放的热能进行发电的方式。[1] 截至 2019 年年底，我国核电装机容量达到 4874 万千瓦，占总装机容量的比重为 2.4%。我国核电已形成"三代为主、四代为辅"的发展格局。三代核电部署了较完备的预防和缓解严重事故后果的措施，设计安全性能有明显提高。根据彭博数据，我国核电价格处于全球最低水平，2018 年的核电价格仅为 0.47~0.57 元/千瓦时[2]。

发展趋势：在保障安全的前提下，提高核电效率和灵活性是未来发展的重点。其中，研发快堆配套的燃料循环技术，解决核燃料增殖与高水平放射性废物嬗变问题；模块化小堆方面，积极发展小型模块化压水堆、高温气冷堆、铅冷快堆等堆型是重要攻关方向。**预计到 2030 年，**实现第三代核电优化，核电安全保障进一步提升；钠冷快堆等部分第四代核电成熟，投入商业运行；多用途模块化小堆核电逐步成熟；核燃料循环技术逐步发展。**预计到 2050、2060 年，**实现核能高效、灵活应用；掌握核燃料循环关键技术，并建立起较完整的核燃料循环体系；突破聚变能利用的关键材料、燃料循环等诸多技术挑战。在可控核聚变方面，深入参与国际热核聚变实验堆（ITER）计划，全面掌握聚变实验堆技术，积极推进我国聚变工程试验堆设计与研发，逐步实现聚变能的安全可控利用。

应用潜力：预计到 2030 年，我国核电装机容量增至 1.1 亿千瓦，占总装机容量的比重约 2.9%；发电量达到 0.7 万亿千瓦时，占总发电量的比重为 6.7%。**预计到 2060 年，**核电装机容量增至 2.5 亿千瓦，占总装机容量的比重约 3.1%；发电量达到 1.8 万亿千瓦时，占总发电量的比重为 10.2%。

---

[1] 陈美球，蔡海生，廖文梅等，低碳经济学，北京：清华大学出版社，2015。
[2] 资料来源：Bloomberg NEF。

5.1.1.6 生物质发电

技术特点：生物质发电主要包括农林生物质直燃发电、垃圾焚烧发电、垃圾填埋气发电、生物质气化发电、沼气发电和生物质燃料电池发电，其中生物质燃料电池发电尚处于应用研究阶段。随着我国大力鼓励和支持发展可再生能源，生物质能发电投资热情高涨，各类农林废弃物发电项目纷纷启动建设，产业呈现出全面加速的发展态势。截至 2019 年年底，我国共有 23 个省（区、市）投产了254 个农林生物质发电项目，装机容量 560 万千瓦。2019 年 11 月，全球最高参数再热垃圾发电汽轮机在苏州成功并网。经济性方面，2018 年，新增生物质发电厂的平均度电成本为 0.43 元/千瓦时，相比 2017 年降低 14%。

发展趋势：生物质发电的发展趋势是突破低结渣、低腐蚀、低污染排放的生物质直燃发电技术、混燃发电计量检测技术与高效洁净的气化发电技术。未来，生物质发电规模将进一步扩大，成本呈现稳定下降的趋势，区域间差异逐步缩小。生物质发电结合碳捕集及封存可以提供一定的负排放空间，是电力系统率先净零及全社会实现碳中和不可或缺的减排技术手段。

应用潜力：我国生物质发电装机规模将持续提升。目前，我国生物质发电装机规模占全球的比重已经从 5% 左右上升到 14% 左右。根据国际能源署（IEA）的判断，我国有望在 2023 年超越欧美成为全球最大的生物质能源生产国和消费国。**预计到 2030 年，**我国生物质发电装机容量增至 0.8 亿千瓦，占总装机容量的比重约 2.1%；发电量达到 2460 亿千瓦时，占总发电量的比重为 2.2%。**预计到 2060 年，**生物质发电装机容量增至 1.8 亿千瓦，占总装机容量的比重约 2.3%；发电量达到 4086 亿千瓦时，占总发电量的比重为 2.4%。

5.1.2 直接利用

终端清洁能源利用主要是通过生物质、太阳能等替代工业、交通、建筑领域化石能源使用，减少能源消费侧碳排放。2060 年，终端清洁能源利用总量达到 4.9 亿吨标准煤，较 2017 年增长约 7 倍。

终端清洁能源总量稳定增长，工业领域清洁能源利用占比显著增长。生物质能利用技术转型升级推动消费总量呈现下降趋势，2060 年，终端生物质能消费总量约为 1.8 亿吨标准煤，相对于 2017 年增长超过 3 倍，传统生物质利用在建筑领域退出，固体生物质使用量在工业领域大幅增长。2060 年，终端太阳能直接利用约 3.1 亿吨标准煤。生物质能、太阳能、地热能等清洁能源广泛应用于工业、交通、建筑等各个领域。

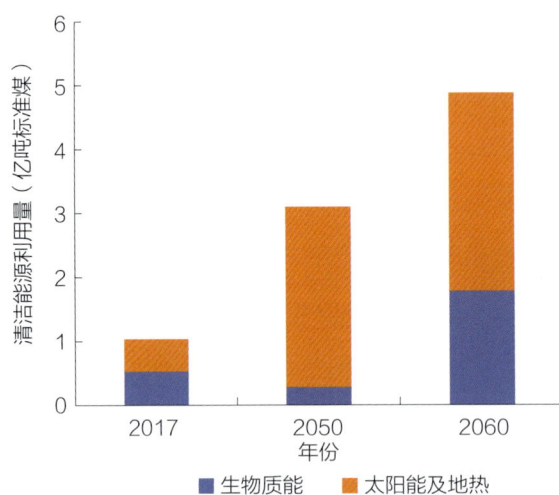

图 5.7　终端领域清洁能源利用量

5.1.2.1　生物质能

技术特点：生物质热压成型技术已趋向成熟，已研制适合不同国家和地区国情的各种生物质成型设备。生物质在挤压成型后，密度可达 0.8～1.3 千克/立方米，能量密度与中热值煤相当。生物质制天然气技术处于发展初期，面临项目产气率低、原料适应性差、自动化程度较低等问题。生物质制取液体燃料技术进展较快。以玉米、木薯等为原料的 1 代和 1.5 代生产技术工艺成熟稳定，以秸秆等农林废弃物为原料的 2 代先进生物燃料技术已具备产业化示范条件，利用植物纤维素、动植物油脂生产生物航油技术取得突破，并在南方航空公司进行商业应用。

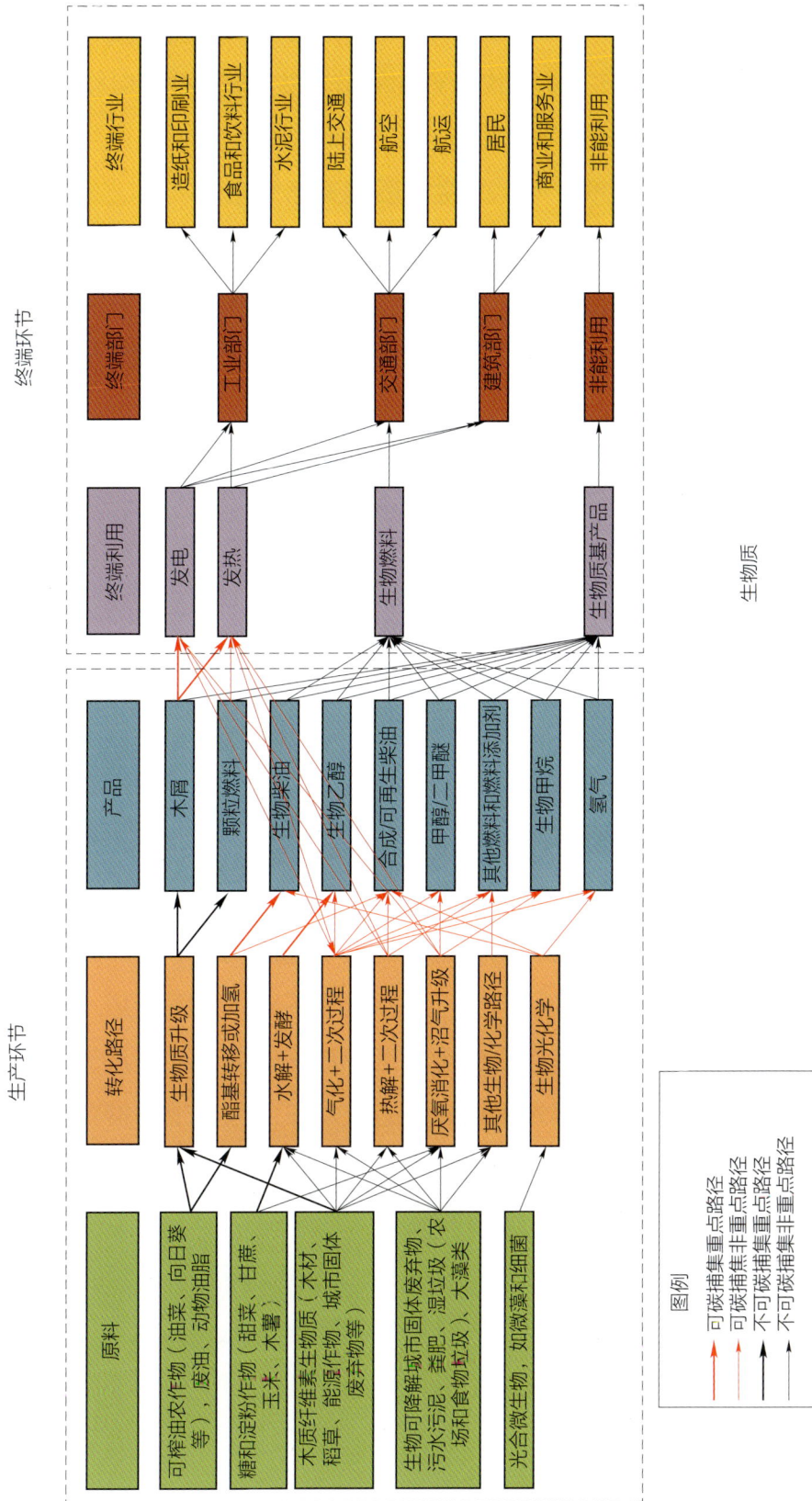

图 5.8 生物质能生产及在终端的应用

5.1 清洁替代技术

发展趋势：开发利用技术多元化、产品高值化是生物质能直接利用的发展方向。**生物液体燃料方面，**突破农林畜牧废弃物等非粮生物质资源转化为航空煤油、生物柴油和乙醇等生物质液体燃料的能源化工关键技术，加快推进生物质液体燃料清洁制备与高值化利用技术产业化；**生物质制天然气方面，**突破高负荷温度厌氧消化、多种原料混合高效发酵、干法厌氧发酵、发酵预警调控等关键技术，实现各项技术优化及工程示范推广；**生物质固体成型燃料方面，**研究生物质成型粘接机理和络合成型机理，实现生物质成型燃料的高品质化和低能耗化。

应用潜力：预计到 2060 年，约 80% 的生物质能用于工业制热需求，其余用于交通运输和建筑领域分散式制热、制气需求。2060 年，生物质能利用总量约为 4.7 亿吨标准煤。

5.1.2.2　太阳能

技术特点：太阳能直接利用主要以制热、集热形式为终端领域提供热需求，集中应用在工业低温制热和建筑领域热水、取暖等需求。

发展趋势：工业领域太阳能利用有望实现规模化应用。伴随太阳能应用技术日益成熟，工业领域太阳能直接利用技术成本显著下降。太阳能热水器、太阳能空气加热系统、太阳能集热系统广泛应用于工业过程低温供热及高温过程预热。**低温供热方面，**太阳能热水器作为一项成熟的技术在全球范围内推广，将水温从 25℃升至 80℃用于锅炉给料应用，从而节省大量用于锅炉的燃料油。**空气供热方面，**太阳能空气加热系统提供低温的热空气（50~80℃）应用于食品加工及干燥环节，包括干燥茶叶以及加工水果、香料、谷物、蘑菇、蔬菜、海鲜等。**高温蒸汽方面，**太阳能集热系统提供高达 300℃的蒸汽为工业提供热需求。应用包括纺织工业中的干燥、整理、丝光处理等；化学工业中的干燥、溶解、增稠、浸出和蒸馏；食品工业中的烹饪、干燥和罐装，纸浆和造纸工业中的工艺制浆、漂白和干燥，皮革工业中的干燥和清洁。**太阳能在建筑领域规模化应用促进零耗能**

建筑逐渐普及。随着主动太阳能应用技术❶成本下降，建筑耗能得到有效控制并逐渐向零能耗建筑发展。主动太阳能技术与被动太阳能技术相互结合、互为补充，除满足建筑领域制热、制冷、除湿、干燥等的能源需求外，还能够通过配置储能设施推动建筑物从能源消费向能源供给方向转变。

应用潜力： 2060 年，太阳能直接利用总量约为 3 亿吨标准煤，主要用于工业领域和建筑领域制热。

5.1.2.3　地热

技术特点： 地热是来自地球内部熔岩的天然热能，根据热量载体不同，地热能主要分为水热型（90～200℃）和干热岩型（高于 200℃）两种。目前，为提高地热利用率，多采用梯级开发和综合利用的办法，如热电联产联供、热电冷三联产、先供暖后养殖等。按照当前的技术水平，地热的开发利用主要针对水热型热源，200℃以上的干热岩开发属于前瞻性技术，已可实现勘查发现，但后期开发利用技术仍是空白。

发展趋势： 技术先进、环境友好、经济可行是地热能技术的发展方向，重点是进一步突破干热岩型地热开发技术。**地热资源利用方面，** 开展高效换热技术、中高温热泵技术、高温钻井工艺技术研究以及经济回灌技术攻关；开展井下换热技术、水热型中低温地热发电技术研究和设备深度研发；**干热岩资源利用方面，** 开展干热岩型等深部地热能勘查开发技术攻关，突破储层改造和高效换热关键技术、有利区和靶区的圈定、硬质岩层与耐磨性地层的钻井和多重储层建造的完井技术。

5.2　电能替代技术

电能替代是实现能源消费高效化的基本趋势，电能替代促进全行业减排，

---

❶ 主动太阳能系统包括用于发电的 PV 板及太阳能集热器，用于生产生活热水、空间加热、除湿、制冷等。

到 2060 年，电能替代累积减排贡献达 28%。终端能源消费由煤、油、气等向电为中心转变，电力逐渐成为终端能源消费核心载体。2060 年，化石能源占终端能源消费的比重降至 12%，全社会用电量增至 17 万亿千瓦时，占终端能源消费的比重达到 66%。

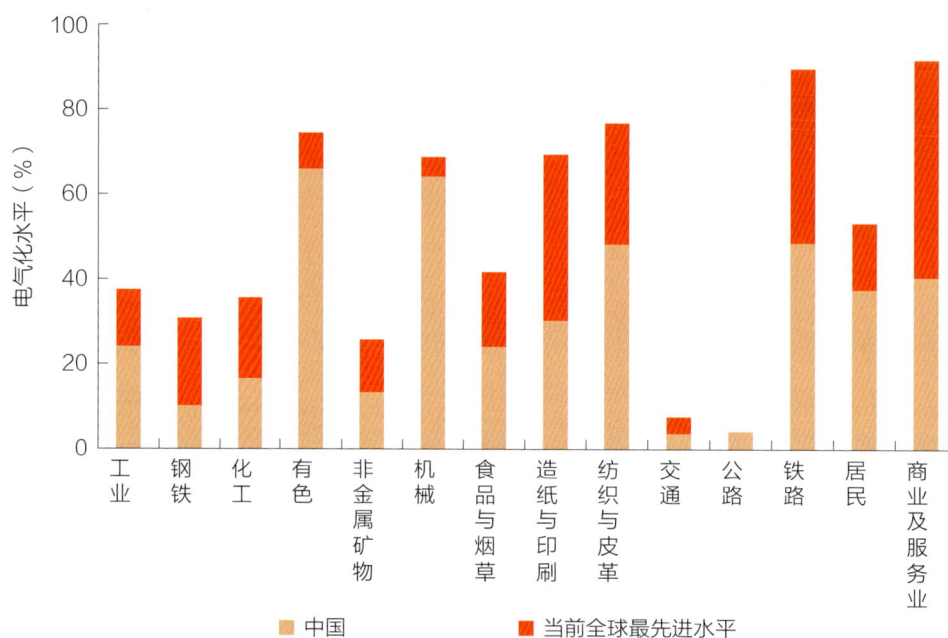

图 5.9　终端各领域电能替代潜力[1]

能源密集型行业、交通电气化、建筑领域电能替代潜力显著。电力消费主要集中在工业领域，2017 年，我国工业领域电能消费占全社会用电量比重为 67%。工业能源消费电能占比约 24%，相比于全球先进水平低 13 个百分点。其中，能源密集型行业有色和非金属矿物行业有 10 个百分点的提升空间，钢铁行业、化工行业、食品与烟草行业电能消费占比均有近 20 个百分点的提升空间；造纸与印刷行业、纺织与皮革有 30 个百分点的提升空间。交通运输领域仍以燃油消费为主，近几年，我国电动汽车发展迅速，年销量和保有量均居世界首位，但交通电气化水平仍只有 4% 左右，电动汽车、氢燃料电池汽车、电气化铁路发展均具有显著提升空间。其中，当前电气化铁路相对于全球先进水平仍有超过 40 个百分点的提升空间。伴随我国城镇化建设，经济结构向服务业转型，商业及服务业

[1]　IEA, World Energy Balances, 2018。

能源消费占比将日益提高，将是电能消费重要增长点。

5.2.1 工业电气化

工业领域能源消费占终端能源消费碳排放约 3/4，是能源消费减排的重中之重。电能替代是减少工业领域化石能源消费的关键，工业领域电气化率由 2017 年的 24% 增至 2060 年的 54%，新增用电量约 3.2 万亿千瓦时，相当于 2017 年全社会用电量的一半。

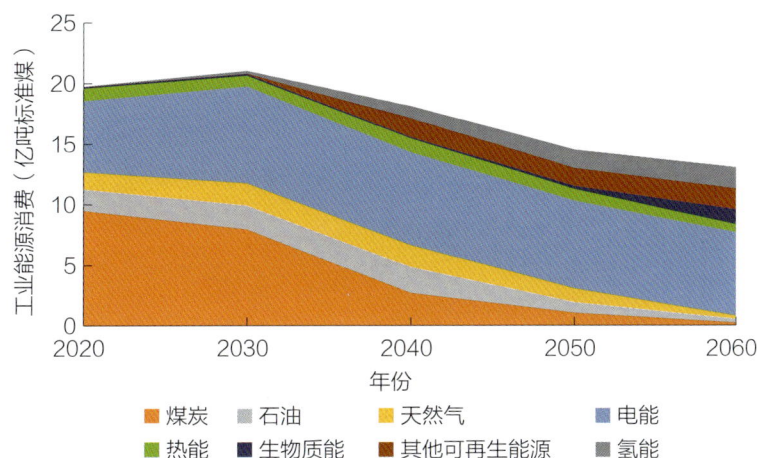

图 5.10 工业领域能源消费情况[1] [2]

工业领域能源需求先增后降，电能占比不断提升。2017—2030 年，工业领域终端能源需求从 19.35 亿吨标准煤增长至 21 亿吨标准煤，年均增速 0.7%。此后持续下降，2060 年，降至 13 亿吨标准煤，降幅 33%。尽管工业始终是第一大终端用能领域，但随着工业增加值增速放缓、工业领域内部结构和技术优化升级，工业领域在终端能源需求中的比重稳中趋降，由 2017 年的 59% 降至 2060 年的 43%。2017—2060 年，终端电能需求从 5.23 亿吨标准煤增长至 6.9 亿吨标准煤，占终端能源需求总量的比重从 24% 增长至 54%。工业领域电气化水平

---

[1] 侯方心，张士宁，赵子健，等，实现《巴黎协定》目标下的全球能源互联网情景展望分析，全球能源互联网，2020，3(1): 34-43。

[2] Zhang S, Yang F, Liu C, et al., Study on Global Industrialization and Industry Emission to Achieve the 2℃ Goal Based on MESSAGE Model and LMDI Approach, Energies, 2020, 13(4): 825。

持续提高，得益于传统高耗能行业电能替代空间巨大，电供能设备技术经济性提升；同时，高新技术产业和高端制造业电气化水平普遍较高，工业机械臂、5G 传输通道、智能管控平台、数据中心等逐步成为智能制造的核心环节，均需电力驱动。

工业领域碳排放集中于能源密集型行业，电能替代具有较大减排潜力。2017 年，钢铁、化工、建材等能源密集型行业能源消费占工业领域能源消费总量的比重为 83%，相关二氧化碳排放占工业领域二氧化碳排放总量的比重为 84%。其中，钢铁行业终端能源消费 6.4 亿吨标准煤，在工业领域终端能源消费中占比最大，达到 33%；同时，钢铁行业严重依赖煤炭，煤炭消费量 5.6 亿吨标准煤，占比高达 87%，相关二氧化碳排放在工业领域最多。当前，传统能源密集型行业平均电能消费占比均有较大提升空间，通过电能替代可显著减少煤炭、石油等化石能源使用。

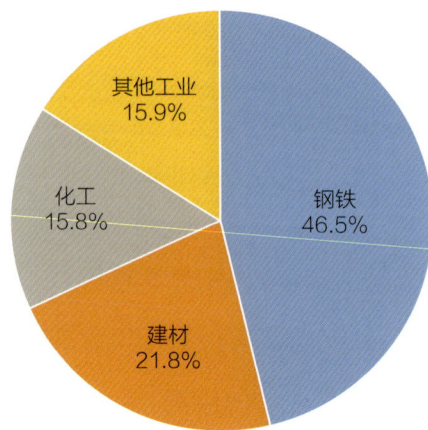

图 5.11　2017 年我国工业领域分行业碳排放结构

5.2.1.1　钢铁行业

技术特点：电炉炼钢以废钢作为主要原料，将废钢经简单加工破碎或剪切、打包后装入电弧炉中利用电能所产生的热量来熔炼废钢，从而得到合格钢水。通过电炉炼钢替代转炉炼钢，实现电能对煤焦资源的替代，能够缩短钢铁生产工序、节约炼铁能耗，有效减少温室气体及大气污染物排放。**电炼钢产量增长快，具有较大电能替代空间**。2017、2018、2019 年，电炼钢新增产能分别为 2500 万、2044 万、1500 万吨，共计新增产能超过 6000 万吨，而高炉炼钢新增产能总和为 3070 万吨，仅占电炼钢新增产能的 51%。随着化解钢铁行业过剩产能工作持续推进，行业发展环境持续向好，电炼钢占比提高至约 10%，但对比世界平均水平 28%、美国 68%、欧盟 40%、韩国 33%、日本 24% 的电炼钢比例，仍存在一定差距，发展空间较大。

图 5.12　2017—2019 年我国新增电炉产能与高炉产能对比情况❶

发展趋势： 电炉炼钢发展条件成熟、节能环保。目前我国人均钢铁积蓄量已达 8 吨左右，接近发达国家水平❷，进入废钢循环利用的重要阶段。废钢供给大量释放，能够促使废钢价格降至合理区间，提升电炼钢竞争力及市场份额。电炼钢工艺节能环保，吨钢节约铁矿石消耗 1.65 吨、能源 350 千克标准煤，降低二氧化碳排放 1.6 吨，减少固体废弃物排放 4.3 吨。从全部工序看，电炼钢能耗仅为传统长流程炼钢能耗的 1/9，二氧化硫、氮氧化物排放量分别仅为长流程炼钢的 2% 和 21%，环保设备投资仅为长流程的 7%～8%，环保运行成本仅为长流程的 1/8。

❶ 数据来源：Mysteel。
❷ 国外电炉炼钢大国中，美国人均钢铁积蓄量稳定在 8.8 吨左右，英国为 7.6 吨，日本为 10.5 吨。

5.2.1.2 建材行业

技术特点： 在水泥生产环节中，有近 50% 的碳排放来自熟料煅烧过程中煤炭等化石燃料的燃烧。通过电窑炉在水泥、玻璃等非金属建材生产环节的普及，能够大幅提升建材领域电气化率，降低碳排放强度，减少温室气体及大气污染物排放。目前，利用电能加热技术成熟，采用金属发热元件的最高工作温度可达 1000～1500℃，非金属发热元件的最高工作温度可达 1500～1700℃，水泥熟料煅烧环节所需温度为 1000～1450℃，采用电加热进行水泥生产理论上具有可行性❶。

发展趋势： 电熔炉型因为其垂直深层结构可以阻隔氟、铅、硼、硒与空气接触，减少了原料中部分昂贵氧化物的飞散与挥发，能够节约原料成本。未来，随着玻璃电熔技术的普及，将进一步促进玻璃生产行业的电能替代。未来进行水泥窑电气化改造，突破现阶段回转窑加热方式的技术限制，或者对水泥窑进行结构上的设计改造，能够大幅提高水泥电窑炉的产量。

5.2.1.3 其他工业行业

电能在有色金属、化工、食品烟草、造纸和纺织等行业的加热环节具有应用优势，通过发展普及相关电气技术，能够充分挖掘工业领域电能替代潜力，提升能源使用效率，促进工业领域进一步实现碳排放减缓。

技术特点： 湿法冶炼是促进有色金属制造业电气化的关键技术。湿法冶金可将有色金属矿石经与水溶液或其他液体相接触，通过化学反应使原料中所含有用金属转入液相，再对液相中所含有的各种有用金属进行分离富集，最后，以金属或其他化合物的形式加以回收。湿法冶炼普遍对加热温度要求不高，可通过感应电炉替代焦炭炉，提升加热效率、实现精准温控。通过大力发展湿法冶炼技术，

---

❶ 同继锋，马眷荣，绿色建材，北京：化学工业出版社，2015。

能够推动形成以湿法冶炼为主的有色金属生产格局，以工艺升级促进电能替代，并在煅烧、焙烧等加热环节推动电加热替代化石能源加热，逐步实现行业生产清洁化、电气化。

发展趋势：其他工业领域的电制热与电机械动力技术是电能替代的重要补充。**化工方面，**通过工艺流程改进，推动加热环节从蒸汽供热向直接电加热过渡，减少用能转换环节提升效率和经济性，提升化工行业技术含量与自动化水平。**食品烟草、造纸和纺织方面，**充分发挥电热泵、电蒸汽发生器、电导热油炉等加热设备的技术优势，在生产加热环节实现电能替代。**机械动力方面，**通过优先推进固定式机械电能替代，持续扩大电能替代规模，并鼓励移动式机械设备向电气化发展，激发移动式动力机械电能替代潜力。

5.2.2　交通电气化

交通领域电气化主要技术手段包括乘用车领域推广电动汽车，公交、重卡领域推广氢燃料电池汽车，继续提高电气化铁路比重，航空航海通过电能和氢能等低碳

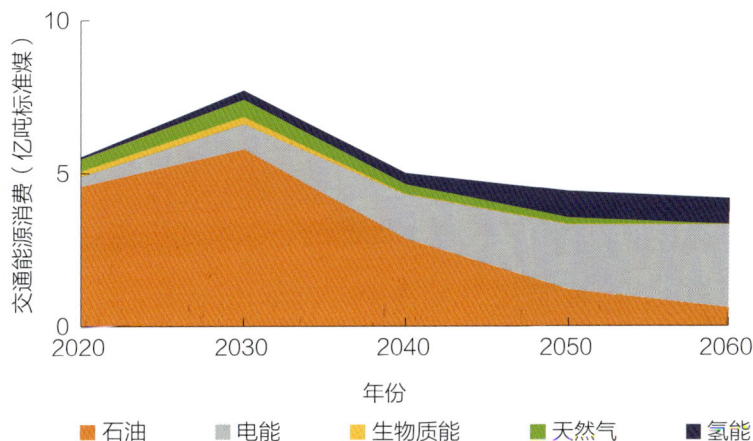

图 5.13　交通领域能源消费情况[1]、[2]

---

[1] 侯方心，张士宁，赵子健，等，实现《巴黎协定》目标下的全球能源互联网情景展望分析，全球能源互联网，2020，3(1)：34-43。

[2] Hou F X, Chen X T, Chen X, et al., Comprehensive Analysis Method of Determining Global Long-Term GHG Mitigation Potential of Passenger Battery Electric Vehicles, Journal of Cleaner Production, 2020, 125137。

燃料替代实现交通领域深度减排，预计到 2050 年，电动汽车保有量占汽车总量比例达到 67%，超过三分之二的航运运输将通过电能和氢能推动。2050、2060 年交通电气化率分别突破 61%、81%。

交通领域能源消费总量先升后降，逐步形成电为中心的用能结构，实现低碳转型。随着我国经济社会发展和城镇化进程推进，居民出行与运输需求不断增加，交通领域用能呈现快速增长趋势。2000—2017 年，交通领域能源消费从 1.24 亿吨标准煤增长到 4.89 亿吨标准煤，年均增长率 8%。2017 年，交通领域用能占全国终端总用能的 15% 左右。通过推广电能与氢能利用、提高燃料效率、普及共享出行等方式，交通领域整体能效得到巨大提升。交通领域能源消费总量将于 2030 年达峰后逐渐下降。2050 年，交通领域能源消费总量约 4.7 亿吨，占全社会终端能源消费总量的 14%。作为当前交通领域的主导能源，石油消费总量在 2030 年达峰后逐步下降，随着陆路、铁路、港口等领域电气化水平的提升，交通领域用电量逐步增加，从 2017 年的 1400 亿千瓦时增加到 2050 年的近 2.6 万亿千瓦时（包含电制氢用电），平均每年新增用电量 730 亿千瓦时。电能消费占比由 2017 年的 4% 提高到 2050 年的 61%（包含电制氢用电），2050 年后，电能替代石油成为交通领域的主导能源。

5.2.2.1 电动汽车

技术特点：电动汽车指以车载电源为动力，以电动机驱动行驶的车辆，主要包括纯电动汽车（BEV）和插电式混合动力汽车（PHEV），是交通领域实现电能替代的主要方式。全球电动汽车发展正处于高速增长阶段，目前，主要应用于载客及小型载货汽车。2019 年，全球电动汽车[1]销量超过 210 万辆，同比增长 6%，占汽车总销量的 2.6%，保有量突破 720 万辆，在汽车总保有量中的占比已达 1%。我国电动汽车发展居世界前列。2019 年，我国电动汽车销量超过 106 万辆，与 2018 年持平，占当年全球销量的一半；电动汽车保有量突破 334 万辆，

---

[1] 该处电动汽车特指电动乘用车。

占全球总量的 47%。近年来，小型载货汽车也逐步走向电气化。2019 年，我国载货电动汽车保有量达 25 万辆[1]。

发展优势：减少排放方面， 电动汽车能够促进应对气候变化、减少大气污染，降低交通领域由于化石燃料燃烧产生的污染物排放。汽车尾气排放已成为城市重要的污染源之一，随着我国日趋严格的车辆排放标准，汽车工业将加快向电气化、清洁化、可持续的方向发展；**能源效率方面，** 电动汽车具有较高的能源效率，当前普通燃油汽车百千米油耗约为 8 升汽油，电动汽车的百千米电耗为 17 千瓦时，相当于燃油汽车用能量的 25%；**用能成本方面，** 电动汽车用能成本低廉，具有油电差价优势，目前，主流电动汽车百千米耗电成本低于 20 元，而燃油汽车百千米成本约 60 元[2]，且保养、维修等费用远高于电动汽车，未来清洁能源发电规模提高、电池与智能控制技术进步、充电基础设施不断完善，电动汽车的经济性优势还将进一步提升。

图 5.14　我国电动汽车保有量及增长率

发展趋势： 动力电池是电动汽车的"心脏"，自 2010 年以来，动力电池价格已下降 80%，电池能量密度提升超过 3 倍。未来动力电池价格将不断下降，能量密度不断上升。《节能与新能源汽车技术路线图》对动力电池规划为：2020、2025、2030 年，电池单体能量密度将分别提高至 350、400、500 瓦时/千克，

---

[1]　IEA, Global EV Outlook 2020, 2020。
[2]　全球能源互联网发展合作组织，新发展理念的中国能源变革转型研究，2020。

成本分别降至 0.6、0.5、0.4 元/瓦时❶。预计 2022 年纯电动汽车将与燃油汽车实现购置平价，电动汽车将加速替代燃油汽车成为主导车型。

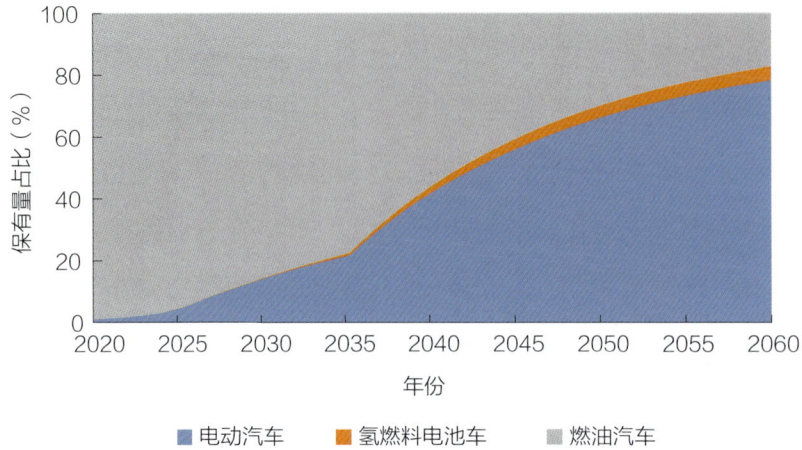

图 5.15　我国交通领域电动汽车与氢燃料电池发展情况

应用潜力：电动汽车能够有效减少温室气体及大气污染物排放，提高能源利用效率，降低交通用能成本。预计 2030、2050、2060 年电动汽车保有量占汽车总量的比例达到 16%、67% 和 78%。按 2035 年后我国实现全部新售中小型客运车及载货车为电动汽车考虑，2030 年，我国电动汽车保有量约 6200 万辆，约占总保有量的 16%。其中，载客汽车约 5700 万辆，小型载货汽车约 500 万辆。2050 年，电动汽车保有量约为 3.2 亿辆。其中，载客电动汽车约 2.9 亿辆，占载客汽车总保有量的 70%；小型载货电动汽车约 3000 万辆，保有量约占小型载货汽车保有量的 86%，电动汽车整体替代率达 67%。2060 年，汽车总保有量达 5 亿辆，之后趋于饱和，电动汽车替代率❷超过 90%；2040 年左右，电动汽车取代燃油车成为主导车型。

5.2.2.2　氢燃料电池车

技术特点：我国氢燃料电池汽车产量逐年走高，车型以大型客车和货车为主。

---

❶ 恒大研究院，全球动力电池竞争报告：2019，2019。
❷ 新售汽车中电动汽车的比例。

当前，氢燃料电池汽车正逐步进入市场化推广阶段，多数国家已将发展氢能定位成其能源政策的重要补充。2019 年，全球氢燃料电池汽车销量为 12350 辆，总保有量达 25210 辆，相较 2018 年大约翻了一番❶。我国氢燃料电池车型几乎全部为公交车和货运车。其中，氢燃料电池公交车占全球的 97%；氢燃料电池货运车占全球的 98%，占据绝对主导地位。

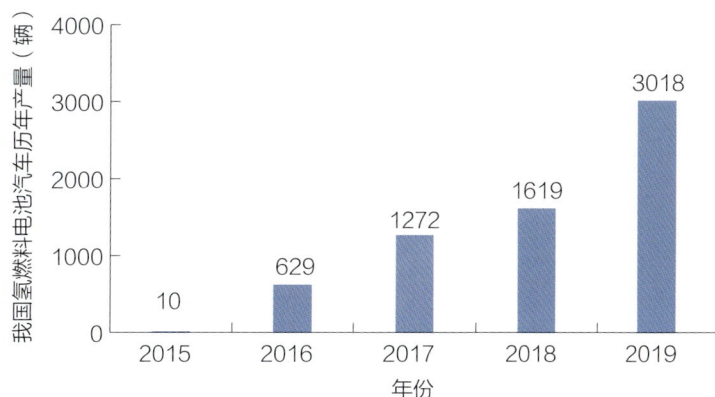

图 5.16　我国氢燃料电池汽车低基数下的快速增长❷

发展趋势： 目前，燃料电池电堆功率密度、寿命、冷启动等关键技术与成本瓶颈已逐步取得突破，国际先进水平电堆功率已达到 3.1 千瓦/升，乘用车系统使用寿命普遍达到 5000 小时，商用车达到 2 万小时，车用燃料电池系统的发动机成

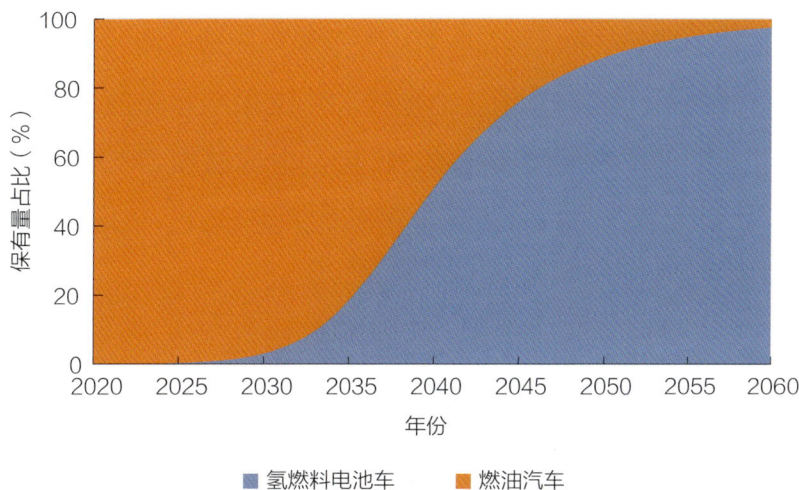

氢燃料电池车　　燃油汽车

图 5.17　重型载货汽车中氢燃料电池汽车发展情况

❶ 国际能源署，全球氢能进展报告，2020。
❷ 数据来源：《电动汽车观察家》根据整车出厂合格证数统计。

本相比于 21 世纪初下降 80%～95%。预计到 2050 年，我国燃料电池系统的体积功率密度将达到 6.5 千瓦/升，乘用车系统寿命将超过 1 万小时，商用车将达到 3 万小时。低温启动温度将降到-40℃，系统成本将降至 300 元/千瓦[1]。

应用潜力： 氢燃料电池汽车具有高载重、长续航和加氢快的优势，在大型客车和高载重货车领域具有发展前景。预计 2030、2050 年氢燃料汽车保有量占重型货车总量比例达到 5% 和 90%。与电动汽车相比，氢燃料电池汽车更适用于对续航里程要求高、频繁往来于固定站点的大型客车和高载重货车，此外，氢燃料电池汽车还具有低温适应性强的特点，在极寒地区发展空间大。随技术日益成熟，按 2045 年我国实现新售重型载货车全部替代为氢燃料电池车考虑，2035 年，我国氢燃料电池车汽车保有量约 500 万辆，其中，大型客运车约 400 万辆，重型载货车约 100 万辆；2050 年我国氢燃料电池车保有量约 1900 万辆，其中，大型客运车约 1600 万辆，重型载货车约 300 万辆，占比超过 2/3。

5.2.2.3 其他交通技术

技术特点： 其他交通领域通过电能和氢能等低碳燃料替代实现领域深度减排。目前电动飞机技术已取得突破性进展，2019 年，全球第一台商用全自动 9 座客机在巴黎航展上展出，航程可达 1000 千米；2008 年，波音公司成功试飞一架小型燃料电池飞机；2016 年，德国成功测试采用零排放混合燃料电池的 4 人座飞机。电动船舶技术快速发展，2018 年，世界首艘 2000 吨级新能源电动船在广州吊装下水，续航能力 80 千米；国际能源署预计，2030 年前，将实现大型氢燃料电池船舶商业化投运[2]。

应用潜力： 通过推进船舶岸电和机场桥载电源工程建设，推动电动船舶、电动飞机技术研发与产业培育，实现交通领域深度减排。2035、2050 年新增电量

---

[1] 中国氢能联盟，中国氢能源及燃料电池产业白皮书，2019。
[2] IEA, Energy Technology Perspectives 2020, 2020。

消费 3000 亿、1.4 万亿千瓦时，替代燃油消费 9000 万、3.8 亿吨标准煤[1]。到 2050 年，超过三分之二的航运运输将通过电能和氢能推动。

5.2.3 建筑电气化

我国城镇化建设持续推进，经济结构重心逐渐由工业向服务业转型，能源消费向居民商业及服务业转移。居民生活智能化、取暖制冷电气化、零碳建筑普及化降低建筑领域排放。预计 2050、2060 年，建筑领域电气化水平分别达到 75%、79%。

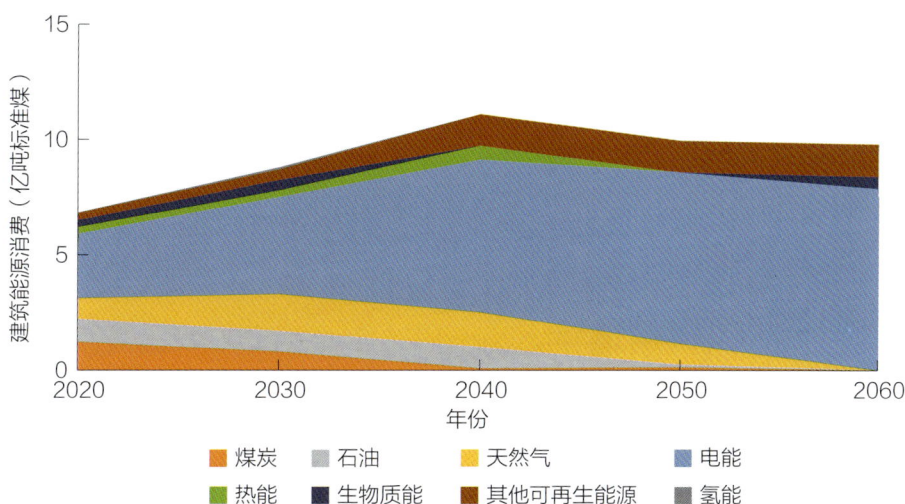

图 5.18 建筑领域能源消费情况[2,3]

我国建筑领域能源消费总量呈现先上升再下降的趋势，电能占比持续提升。
随着我国人口规模饱和与能源效率提升，建筑领域能源需求自 2040 年左右，将开始呈现下降趋势，预计 2060 年的建筑领域能源需求约 10 亿吨标准煤，终端能源需求占比约 1/3，仅次于工业领域。我国电力供应能力提升及现代化、智能

---

[1] 全球能源互联网发展合作组织，新发展理念的中国能源变革转型研究，2020。

[2] 侯方心，张士宁，赵子健，等，实现《巴黎协定》目标下的全球能源互联网情景展望分析，全球能源互联网，2020，3(1)：34-43。

[3] Tan X, Zhao Z J, Liu C Y, et al., Energy Demand Prediction of the Building Sector Based on Induced Kernel Method and MESSAGEix Model, Chinese Journal of Urban and Environmental Studies, 7(4), 2019。

化生活推广，发达地区智能家居、数字化生活、智慧城市发展成为居民、商业及服务业电能替代的主要推动力，偏远农村地区家用电器的普及也将进一步促进建筑领域电气化发展，电炊事、电制热、电采暖、热泵应用是居民生活电能替代的主要方向。预计 2060 年的建筑领域电力需求将达 6.4 万亿千瓦时，电能替代推动建筑领域电气化率达 79%，用能清洁化占比约 98%。

5.2.3.1 电采暖与电制冷

电采暖与制冷是建筑领域实现电能替代的主要方式，通过电热泵、空调的普及，能够大幅提升建筑领域电气化率，提高能源利用效率，降低建筑领域用能成本，减少温室气体及大气污染物排放。

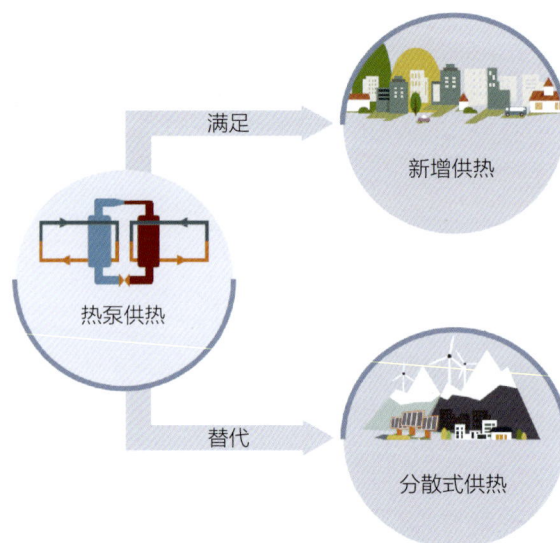

图 5.19 热泵推广示意图

技术特点：采暖电能替代潜力巨大。采暖能耗在建筑领域能耗中所占比重通常超过 50%，消耗的能源品种包括煤、油、燃气、电、生物质能等。2016 年，我国居民住宅总热量需求约折合 2 万亿千瓦时，包括北方城镇集中供热总量约折合 1.3 万亿千瓦时；南方城市未建立集中供热基础设施，但对于冬季供热的需求，约折合 0.3 万亿千瓦时；其他方面的供热需求约 0.4 万亿千瓦时。当前，我国建筑领域采暖能源主要来自煤、天然气和生物质能，供热方式以热电联产、燃煤或燃气锅炉为主，未来随着燃煤的逐渐退出，亟须清洁、高效的能源替代。**空调普及推动电能消费提升。**近年，我国经济社会发展推动制冷建筑面积迅速上涨，制冷空调拥有量不断上升。2000年，我国城镇居民空调拥有量每百户仅为30.8台，农村为1.3台，到2018年分别提升至每百户142.2、65.2台，但与发达国家相比仍有较大差距。随着生活水平的提高，人们对制冷的需求会进一步提升。

发展趋势：热泵推广替代分散供热，满足新增需求。热泵技术通过压缩机做功实现热能的转移，在热源与供热端温差不大的情况下，能效比通常可以达到200%以上。推广热泵应用将提高能源利用效率，对减少温室气体排放具有重要意义。热泵技术在居民、商业及服务业的空间加热领域有较大的推广潜力。新建热泵的初始投资比新建燃煤锅炉高 30%～80%，但节省了空调安装费用，运行费用受电价和环境温度的影响较大，在具备设备补贴及峰谷优惠电价政策的情况下，热泵相比燃煤以外的其他供热方式具有较好的经济性，适用于满足新增供热需求（如新建小区）和替代分散式供热（如农村散煤供热）。

专栏 10　　　　　热泵的工作原理及应用优势

　　热泵可实现冷热一体，使用方式便捷。热泵与其他供热方式不同，并非将输入能源转化为热量，而是利用能源做功来转移不同空间的热量。热泵本质上是一种基于压缩机技术的热力循环系统，通过电能做功将低温热源（空气、水、土壤等）中的热量转移到高温物体，工作原理与空调相同。热泵一般包括蒸发器、冷凝器、压缩机、膨胀阀和循环系统等主要部件，工质（制冷剂）在系统中进行热力学逆循环，实现热量在不同空间的转移。如果执行相反的热量传递过程，热泵也可制冷，从而实现冷热一体的便捷利用方式。

5.2　电能替代技术

热泵在热源和制热端温差不大的情况下能效比优势突出，适用于室内采暖。 在热源和制热端温差不大的情况下，热泵的能效比极高。例如根据国家标准，常温空气源热泵在环境温度−20～20℃、制热端出口温度 41～50℃的名义工况下，能效比不低于230%。实际应用中，通过采用先进的压缩机，空气源热泵的名义工况能效比可达到 300%～700%。因此，热泵技术在注重能效的日本、欧洲等国家和地区受到广泛关注。虽然在中国现阶段热泵应用规模有限，但随着技术难点突破、成本下降和政府大力推广，热泵有望在电能替代领域尤其是建筑领域发挥重要的作用。

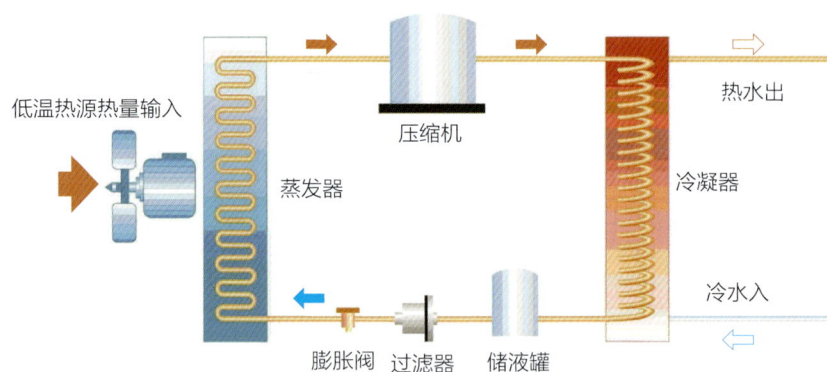

专栏 10 图 1　热泵工作原理

热泵成本优势明显。 不同供热形式采用的能源以及热转化率不同。热泵以电为能源，电价对热泵的运行成本有显著影响。按照我国目前的电价情况，民用热泵的运行成本比工商业用热泵低 30%左右。在输出温度保持不变的情况下，热泵的能效比和环境温度密切相关，环境温度越低，热泵的热转化效率也越低。以北京市为例，冬季平均温度−1～8℃，采用单级压缩机的空气源热泵能效比为 300%～400%；夜间最低温度可达到−16℃及以下，此时热泵能效比为 200%～300%。按照目前我国的能源价格进行分析，热泵的运行成本高于燃煤锅炉，但低于燃油和燃气锅炉。未来随着燃煤的逐渐退出，电热泵将成为最具经济性的采暖技术之一。

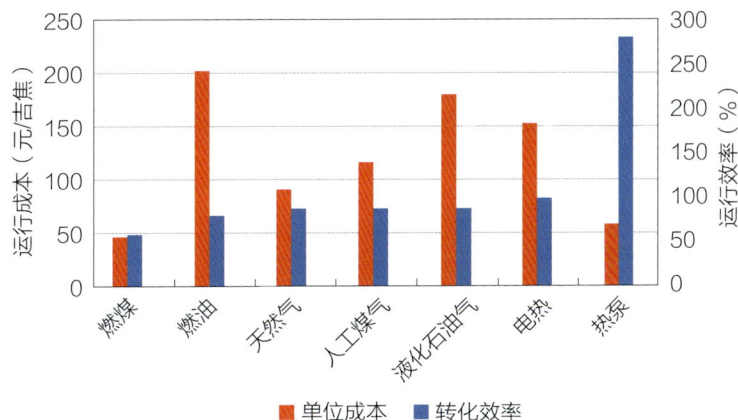

专栏 10 图 2　各种采暖方式运行成本与效率比较

5.2.3.2　电炊事与热水

通过推广电磁灶、电热水器等电炊事与热水设备，能够提高能源利用效率，实现建筑领域清洁绿色、安全便捷的用能方式，降低温室气体及大气污染物排放。

技术特点：电炊事技术具有热效率高、安全性高、便捷等优点，是居民生活电能替代的重要技术应用。电炊事技术是一项重要的清洁炊事技术，应用包括电磁灶、电饭煲、微波炉、电烤箱、电水壶等。电炊事技术热效率高，以电磁灶为例，其热效率可达 90%。电炊事技术使用过程中无明火、不生成燃烧产物，更加安全、便捷、低碳、环保。

发展趋势：廉价清洁电力推动电炊事技术更具经济竞争力。综合考虑电磁炉灶及燃气灶的热效率、能源燃烧值等因素进行分析，在产生等量热量的情况下，当前电炊具制热成本略高于天然气灶具。但当电价水平降低至 0.14 元/千瓦时时，电炊具成本比管道天然气灶具成本低 50% 以上。通过电网互联实现清洁能源的优化配置，实现清洁电力成本的大幅下降，使电炊事具备相当竞争力。

表 5.1　各类炊具主要性能指标比较

炊具灶种类	燃气灶		电磁灶	
能源种类	罐装液化气	管道天然气	电能（高价格）	电能（低价格）
灶热效率（%）	58[1]	58	90	90
燃料价、电价	液化气 112 元/15 千克	2.28 元/立方米	0.4883 元/千瓦时	0.14 元/千瓦时
燃烧值	12000 卡[2]/千克	9310 卡/立方米	860 卡/千瓦时	860 卡/千瓦时
产生热量目标值（吉焦）	1.0	1.0	1.0	1.0
能源成本（元）	256	101	151	43
辅助设备	液化气罐	无	无	无
等待时间	起火快	起火快	起火较快	起火较快
方便程度	需装罐	方便	方便	方便
安全性	比较安全	比较安全	很安全	很安全

5.2.3.3　电照明及其他电器

电照明与其他电器设备的利用将随我国经济与城镇化发展大幅提升，推动电能替代煤油、初级生物质能等，挖掘建筑领域电气化潜力，促进居民家庭生活与商业活动的便利化和清洁化。

技术特点： 农村地区家用电器普及。当前，我国农村地区的电器普及率较低，每户有用能需求的仅约为城镇居民的 60%。未来，随着农村地区和城镇生活差别逐渐缩小，家用电器在农村地区将迅速增加。

---

[1] 数据来源：国家燃气用具质量监督检验中心：目前中国台式燃气灶的热效率普遍为 55%～58%，嵌入式燃气灶的热效率普遍为 52%～55%，热效率超过 60% 的燃气灶具比例不到 1%，此处取 58% 的高值。电磁灶热效率可达 90% 以上，取值 90%。

[2] 国网能源研究院，2012 年中国节能节电分析报告，2013。

发展趋势： 城镇照明设施需求提升。随着生活水平的提高，居住建筑和公共建筑中对光线的要求不断提高，照明设施除满足生产生活中对光线的要求之外，还承载宣传装饰等效果，照明设备的数量、照明光线的亮度、照明的时长都将有所提升。

应用潜力： 预计到 2030 年，农村居民家用电器完全普及，用能服务强度与城市相差不大。其中，节能电灯将迅速普及，以其更高的能源利用效率、更长的产品寿命替代偏远地区的煤油灯、蜡烛、普通白炽灯等，推动农村地区家用设备的电气化发展。未来，随着城镇化率的提升，宣传装饰照明的需求也将随之增加，进一步提高建筑领域电能占比。

5.2.4 电制燃料及原材料技术

在冶金、航空、化工等用能领域难以实现完全电气化，使用绿氢是这些领域实现零碳的关键。电制燃料和原材料是深度电能替代的主要技术手段，利用绿氢与二氧化碳可以化合生成各类燃料、原材料，如气体燃料甲烷、液体燃料甲醇，这些燃料使用后排放的二氧化碳捕集后再与氢化合，碳与氢就成为能量载体，在

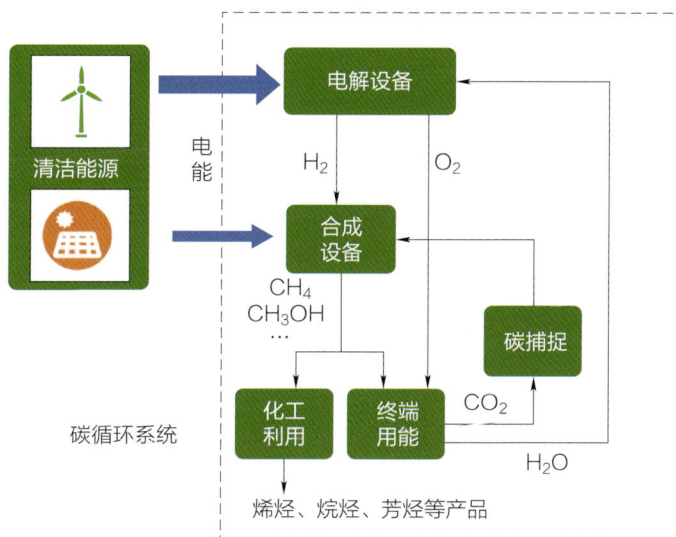

图 5.20 基于电制燃料和原材料的碳循环系统

可再生电力驱动下实现循环利用，净零排放。同时，从甲醇出发可以进一步合成烯烃、烷烃等有机原材料，替代石油和天然气作为化工原料，成为一种重要的人工固碳应用。

5.2.4.1 电制氢

技术特点： 氢是质量能量密度最高的物质，在能源领域具有重要的应用前景。使用可再生能源发电并电解水制备的氢气被称为绿氢，当前，受电价水平高、转化效率较低等因素影响，电解水制氢的成本相对化石资源制氢仍然较高，平均成本为 22～25 元/千克，推广应用受到一定的限制。电制氢主要包括以下三种技术路线。**碱性电解槽**技术发展成熟、设备结构简单，具有较快的启停速度（分钟级）和部分功率调节能力，是当前主流的电解水制氢方法，缺点是效率较低（60%左右）。**质子交换膜**技术能够有效减小电解槽的体积和电阻，电解效率可提高到 70%～80%，功率调节更灵活，但设备成本相对昂贵。**高温固体氧化物电解槽**技术利用固体氧化物作为电解质，在高温（800℃）环境下电解反应的热力学和化学动力学特性得以改善，电解效率可达到 90%左右，但目前该技术还处于示范应用阶段。

发展趋势： 提高各类电制氢技术的转化效率，降低设备成本是电制氢技术的发展重点。研发催化剂、质子交换膜等关键材料，膜电极、空压机、储氢系统、氢循环系统等关键零部件，是重点攻关方向。**预计到 2030 年，** 清洁能源发电成本快速下降，电解水制氢将具备经济性优势，预计电制氢成本将低于 13 元/千克，逐步成为具有竞争力的制氢方式，开始应用于交通、合成氨和冶炼等领域。**预计到 2050、2060 年，** 廉价、高效催化剂及长寿命、高稳定性高温固体氧化物电堆等关键技术取得突破，清洁能源发电成本进一步下降，电解水制氢成本将降至 6～7 元/千克，成为最具竞争力和主流的制氢方式。

应用潜力： 氢在冶金、化工、高品质制热、交通等领域具有良好应用前景。根据目前全球能源消费结构，仍有三分之一的碳排放无法直接通过替代化石能源来消除。例如**在冶金行业，**碳不仅提供冶炼所需的能量，同时也是应用广泛的还原剂，难以由电能完全替代。氢气作为优秀的还原剂，当前常用于钼、钨等不含碳金属的冶炼，随着碳约束的收紧，氢可以部分替代碳作为还原剂用于铁、镍等大宗金属的冶炼，实现冶金行业的减碳。**在化工行业，**氢气作为氨、甲醇等重要化工产品的原料，随着电制氢经济性的提升，电制氢再制甲烷、甲醇、氨等燃料或原料有巨大的发展潜力。氢气的单位质量热值高，常规条件下燃烧充分，可以**在工业生产中**提供高品质热源。**在交通领域，**氢燃料电池发动机具有零污染、续航里程长和加氢时间短等优势，氢内燃发动机与汽油、柴油发动机相比具有易燃、低点火能量、高扩散速率和低环境污染等优势，随着技术进步，有望在陆上、航运等交通领域持续得到推广，更是航空领域脱碳的重要解决方案。**预计到 2060 年，我国绿氢产量将达到 7500 万吨。**

5.2.4.2　电制氨

技术特点：氨是氢气在工业领域规模最大的下游化工产品（耗氢量近半），也是化学工业中产量最大的产品。2018 年，我国累计生产氨 5612 万吨，超过 70%的氨用于生产氮肥（称作"化肥氨"[1]）；其余约 30%的氨称作"工业氨"，用于合成各类含氮化合物如硝酸、丙烯腈、己内酰胺、炸药、磺胺类药物等。工业上主要通过哈伯法以氮气和氢气为原料合成氨，合成工艺与制氢原料有关，国内合成氨工艺以煤制合成氨为主。以电解水制氢代替煤、天然气制氢合成氨，是电制氨最为成熟和现实可行的技术路径，日本、德国已建成可再生能源电转氨示范项目。当前，电制氨的能量转化效率在 40%～44%[2]。以我国光伏项目最低中标电价计算，电制氨的成本可降至 3.8～4 元/千克，已接近氨的市场价格（近 3 元/千克）。

---

[1] 资料来源：中国氮肥工业协会。

[2] Muhammad Aziz, Takuya Oda, Atsushi Morihara, et al., Combined nitrogen production, ammonia synthesis, and power generation for efficient hydrogen storage, Energy Procedia, 2017, 143, 674–679。

发展趋势： 低廉清洁能源电力和电制氢技术进步带来的廉价"绿氢"是电制氨成本下降的最大驱动力，电制氨有望成为电制原料产业的开路先锋。提高电制氨反应的选择性、能量转化效率，降低设备成本是未来的主要发展方向。研发新型高效、低成本催化剂，设计适应性更高的反应器是重点攻关方向。**预计到 2030年，** 优化电解水和哈伯法反应器两套系统的集成和配合，电制氨综合能效可提高到 54%，成本将降至 2.9 元/千克，电制氨产业实现与化肥产业的紧密结合，成为电制原料产业的代表性产品。**预计到 2050、2060 年，** 电制氨成本将进一步降至 1.8、1.6 元/千克，成为最具竞争力的合成氨方式，电制氨将像今天的煤头氨、气头氨一样普及。

5.2.4.3　电制甲烷

技术特点： 电制甲烷技术路线成熟，但经济性不佳。目前，较成熟的电转甲烷技术路线为电解水制氢后通过二氧化碳加氢合成甲烷，选择性可达 90% 以上，德国、西班牙等欧洲国家已建立多项示范工程。在当前的技术水平和电价水平下，电制甲烷的综合能效在 50% 左右，成本为 10～11 元/立方米，高于我国进口管道气或进口 LNG 在用户终端的平均价格（4～5 元/立方米）[1]。电制甲烷的价格对电价十分敏感，用电费用在总成本中占比超过 70%。除二氧化碳加氢制甲烷外，二氧化碳直接电还原制甲烷也是一条可行的技术路径。这项技术反应条件温和，且有望实现装置的小型化，但目前受制于选择性差、能量转化效率低、反应速率慢等缺陷，尚处于实验室研究阶段。

发展趋势： 提高电制甲烷的能量转化效率，降低设备成本是未来的主要发展方向。研发高效反应器、提高副产热量利用效率、研究二氧化碳直接电还原技术是重点攻关方向。**预计到 2030 年，** 通过优化电解水和甲烷化两套系统的集成和配合，加强甲烷化工序的热量管理，增加反应余热回收，电制甲烷综合能效可提高到 60%，成本将降至 5 元/立方米左右，开始在部分终端用户实现示范应用。

---

[1] 中国石油和化学工业联合会化工数据中心，中国石油和化工大宗产品年度报告。

预计到 2050、2060 年， 电解水和甲烷化系统趋于成熟，同时二氧化碳直接电还原制甲烷技术取得突破，在分布式应用场景得到推广，电制甲烷综合能效提高到 70%，成本将降至 2.9、2.4 元/立方米，在远离天然气产地的用能终端得到广泛应用。

5.2.4.4 电制甲醇

技术特点： 甲醇是优质的能源，也是碳一化工的重要原料，电制甲醇是制备其他液体燃料和原材料的基础。我国是全球最大的甲醇生产国，2018 年甲醇产量达 5576 万吨，以煤制甲醇为主要技术路线[1]。目前，较成熟的电制甲醇技术路线为电解水制氢后通过二氧化碳加氢合成甲醇，我国已建有示范项目。借助甲醇化工产业链可实现烯烃、烷烃等一系列有机化工原料的制备，摆脱对石油、天然气资源的限制获取有机原料。二氧化碳加氢制甲醇工艺尚存在单程转化率低、催化剂易失活、能量转化效率不高等缺陷，电制甲醇成本在 6～8 元/千克，高于煤、天然气制甲醇的成本（1.6～2.3 元/千克）。此外，二氧化碳直接电还原制甲醇也是电制甲醇的一条可行路径。与直接电制甲烷类似，这项技术目前也存在选择性差、产物复杂分离成本高、反应速率慢等缺陷，尚处于实验室研究阶段。

发展趋势： 提高电制甲醇的能量转化效率，降低设备成本是未来的主要发展方向。研发高效反应器和催化剂、提高副产热量利用效率、研究二氧化碳直接电还原制甲醇技术是重点攻关方向。**预计到 2030 年，** 开发出高效、稳定、高选择性二氧化碳甲醇化反应催化剂，通过完善甲醇化辅机设备，以多次循环利用燃料气提高反应总体转化率，同时增加反应余热回收利用，电制甲醇成本将降至约 3.5 元/千克，在清洁能源富集地区逐步开展商业化实验和示范。**预计 2050、2060 年，** 二氧化碳甲醇化反应的单程转化率、选择性有显著提升，电解槽、辅机等设备成本显著下降；同时，二氧化碳直接电还原制甲醇技术取得突破，在原料需求终端得到广泛应用，预计电制甲醇成本将降至 1.8、1.5 元/千克，初步构建以电

---

[1] 资料来源：IHS Markit。

制甲醇为核心的电制液体燃料和原材料产业链，以清洁能源为驱动力，水和二氧化碳为"粮食"的电制原材料开始走进千家万户。

5.3　能源互联技术

能源互联技术是清洁能源大规模优化配置的基础[1]，包括特高压交直流技术、柔性交直流技术及大规模储能技术。各类互联技术融合发展，支撑电制燃料技术快速、规模化应用，提高可再生能源消纳比例，提高电力系统运行稳定性和经济性。能源互联技术是能源活动快速减排的关键技术。

5.3.1　先进输电

5.3.1.1　特高压交流

技术特点：特高压交流输电是指 1000 千伏及以上电压等级的交流输电技术，单一通道输送能力约 1000 万千瓦，最大输送距离超过 1000 千米。特高压交流输电技术已经成熟，是构建大容量、大范围坚强同步电网的关键技术。截至 2019 年年底，全球在运特高压交流输电工程 12 条，在建 3 条，投运和在建总长度超过 2 万千米。我国的特高压交流输电技术处于世界领先水平，在关键技术和核心设备方面已实现大规模应用，并构建了完善的试验基地和标准体系，具备丰富的工程经验。经济性方面，1000 千伏特高压交流输电工程变电站造价约 13.6 亿元/座，线路造价约 440 万元/千米[2]。

发展趋势：未来，特高压交流输电技术将向节约走廊、降低损耗、环境友好、

[1] Brinkerink M, Gallachóir B, Deane P, A Comprehensive Review on the Benefits and Challenges of Global Power Grids and Intercontinental Interconnectors, Renewable and Sustainable Energy Reviews, 2019, 107: 274-287。

[2] 电力规划设计总院，电网工程限额设计控制指标（2018 年水平），北京：中国电力出版社，2019。

智能化等方向发展。紧凑型同杆并架技术、特高压可控串补、适用于极端天气的特高压变压器、GIS 和互感器等是重点攻关方向。**预计到 2030 年,**特高压交流输电技术在优化设计、可靠性增强、灵活性和经济性提升、适应全球各种极端气候条件的核心设备等方面将有所突破。特高压交流输电工程的主变压器、GIS、并联电抗器等核心装备的造价有望分别下降 24%、35%、15%,结合主要设备投资占比,全站设备购置费下降 28%;线路投资将基本维持现有水平,输电工程总投资降低约 10%。**预计到 2050、2060 年,**全球特高压交流输电系统的跨国、跨区互联互通格局将全面形成,实现能源基地远距离输电和负荷中心的能源优化配置,特高压交流的变电投资将在 2030 年基础上再降低约 15% 和 20%。

5.3.1.2 特高压直流

技术特点:特高压直流输电包括 ±800 千伏及以上电源等级,额定输送容量800 万 ~ 1200 万千瓦,输送距离可达 2000 ~ 6000 千米。特高压直流输电技术是远距离、大容量电力高效输送的核心技术,目前工程经验丰富,具备全球大规模推广应用的条件。截至 2019 年年底,全球在运特高压直流输电工程 18 项,其中中国 14 项、印度 2 项、巴西 2 项[1]。我国在特高压直流输电的关键技术、设备研发、试验体系和工程实践方面处于世界领先。经济性方面,±800 千伏和 ±1100 千伏电压等级换流器单站投资分别为 45 亿元和 80 亿元左右,架空线工程单位长度投资分别为 430 万元/千米和 740 万元/千米左右[2]。

发展趋势:未来,特高压直流输电的电压等级、输送容量、可靠性和适应性水平将不断提高,成本进一步降低。研发适应极寒、极热和高海拔等各种极端条件下的直流输电成套设备,满足全球各种应用场景下清洁能源超远距离、超大规模输送的需求;研发特高压混合型直流、储能型直流等新型输电技术,是未来的重点攻关方向。**预计到 2030 年,**特高压直流输电距离、容量、拓扑及关键设备

---

[1] 高冲,盛财旺,周建辉,等. 巴西美丽山Ⅱ期特高压直流工程换流阀运行试验等效性研究. 电网技术,2019,432(11):418-426.

[2] 电力规划设计总院. 电网工程限额设计控制指标(2018 年水平). 北京:中国电力出版社,2019.

将实现进一步提升和改进，实现 ± 1500 千伏电压等级和 2000 万千瓦输送容量的突破。特高压直流换流变压器、换流阀、平波电抗器等设备造价有望分别下降24%、15%、29%，结合各主要设备投资占比，全站设备购置费有望下降 10%；线路投资将基本维持现有水平。**预计到 2060 年，**特高压直流输电成为电网跨洲互联和清洁能源超远距离输送的成熟技术，将进一步研发和推广特高压直流组网技术，在欧洲等区域形成广泛连接负荷和清洁能源中心的直流电网，满足跨时区互补、跨季节互济、多能优化配置的要求。经济性方面，特高压直流输电工程的换流站投资在 2030 年基础上再降低约 15%。

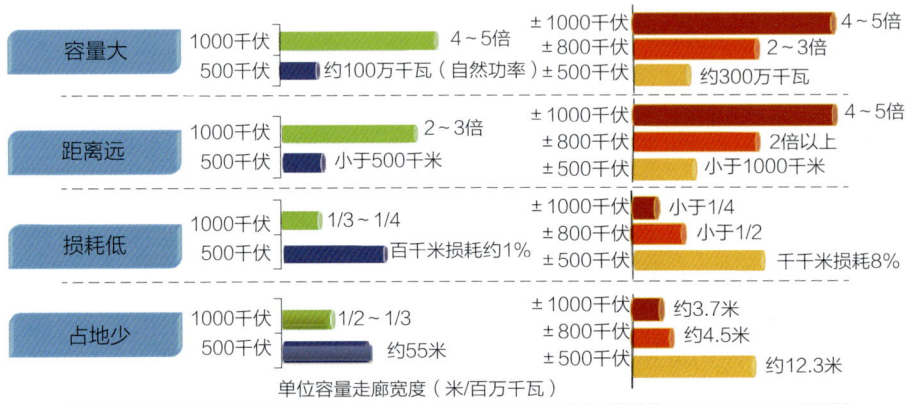

图 5.21　特高压输电主要技术特点

5.3.1.3　柔性交流输电技术

技术特点：柔性交流输电技术（FACTS）通常指基于电力电子器件的交流系统电压、潮流控制器等，主要用于优化系统潮流、提升系统稳定性、扩大交流输电的应用范围，可以灵活改变电力系统的有功、无功潮流分布、功率水平及电压水平。柔性交流输电装备分为串联型、并联型以及复合型 3 类，具体包括并联电抗器、串联电容器，静止无功补偿器（SVC）、静止同步补偿器（STATCOM）、可控串补偿器（TCSC）、统一潮流控制器（UPFC）等。中国晋东南—南阳—荆门特高压输电工程固定串联补偿器是当前全球电压等级最高的柔性交流输电工程应用。

发展趋势：未来，柔性交流输电技术的重点发展方向是提升容量水平、可靠性、协调控制能力和经济性，在高比例清洁能源并网的电力系统中发挥大规模资源配置、提高系统灵活性等重要作用。**预计到 2030 年，**柔性交流输电技术将实现在多个柔性交流设备间协调控制，解决多装置间的配合、衔接问题，进一步研发和突破在 1000 千伏交流电压等级交流电网应用的核心器件和装备。**预计到 2050 年，**柔性交流设备将成为中国能源互联网安全稳定运行和灵活高效运行的成熟技术，并在全球各地区、国家的电网以及跨国、跨洲互联工程中广泛应用。

5.3.1.4　柔性直流输电技术

技术特点：柔性直流输电技术（VSC）是基于全控型电力电子器件——绝缘栅双极晶体管（IGBT）的直流输电技术，具有完全自换相、有功无功潮流独立控制、动态电压支撑，系统振荡阻尼和黑启动等技术优势，是实现清洁能源并网、孤岛和海上平台供电、构建直流电网的新型输电技术。截至 2019 年年底，世界已投运的柔性直流输电工程约 40 项，在建工程 20 项左右，主要分布在欧洲，其次是北美洲、亚洲和澳洲。其中，最高电压水平是在建的中国 ±800 千伏/800 万千瓦乌东德特高压混合多端柔直工程，第一个环形直流电网工程是在建的中国 ±500 千伏/300 万千瓦张北四端柔直工程。经济方面，柔性直流输电技术目前总体造价仍处于较高水平，高于常规直流约 30%。

发展趋势：未来，由超高压向特高压电压等级发展、从端对端到多端及联网形式发展，不断降低换流损耗水平等是柔性直流输电技术的发展重点。研发 ±800～1100 千伏/800～1200 万千瓦柔性直流核心基础器件、运行控制技术的研发和突破，提高运行可靠性，降低设备成本是重点攻关方向。**预计到 2030 年，**柔性直流换流站损耗从当前的 1.2%～1.5%下降至 0.8%左右，接近常规直流输电的损耗水平，可靠性提升至常规直流工程水平，单位容量造价下降至 600 元/千瓦。**预计到 2050 年，**±800～1100 千伏/800～1200 万千瓦柔性直流输电技术已经成熟，关键设备量产，实现全球大规模推广应用，有力支撑清洁能源的接入和直流电网构建。柔性直流输电工程的换流站投资有望在 2030 年基础上进一步降低约 25%。

5.3.2　大规模储能

随着风电、光伏装机规模的增加，高比例清洁能源系统逐步形成，电力系统对灵活性的需求随之增强。储能可为电力系统提供调节能力，确保电力生产与消费平衡，在保证用电安全的前提下，提升系统经济性水平，降低用电成本。储能技术类型众多，技术经济特性各异，应用场景也有明显区别。随着储能技术的成熟和成本的下降，储能将广泛应用于电力系统的各个环节。

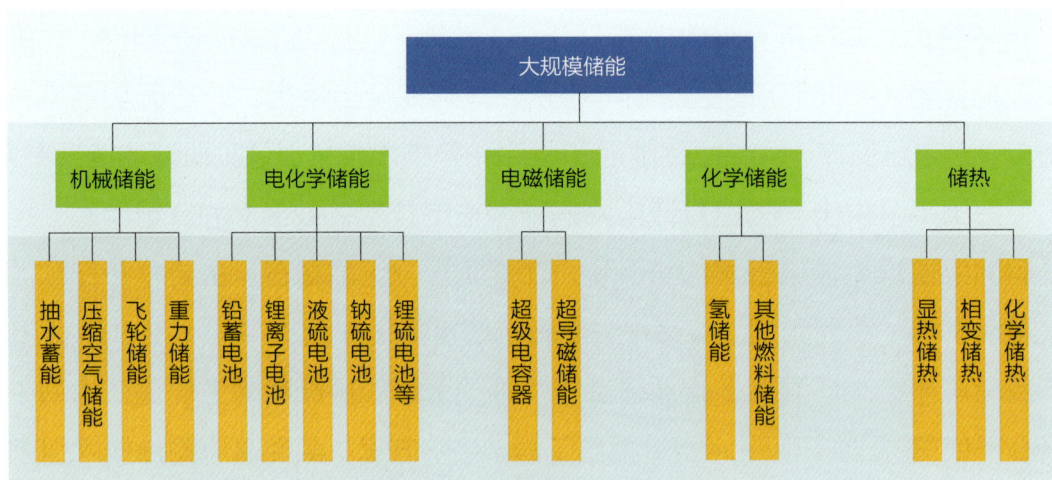

图 5.22　大规模储能技术分类

5.3.2.1　抽水蓄能

技术特点：抽水蓄能技术成熟、可靠，使用寿命长，装机容量大，是目前应用规模最大的储能技术。截至 2019 年年底，全国抽水蓄能装机规模约 3000 万千瓦，占全国储能总装机的 93.4%。全球最大的抽水蓄能电站是我国的丰宁蓄能电站，完全建成后总装机容量将达到 360 万千瓦。目前，抽水蓄能电站能量转换效率为 70%~80%，建设成本为 5000~6500 元/千瓦❶。

---

❶ 中国化工学会储能工程专业委员会，储能技术及应用，北京：化学工业出版社，2018。

发展趋势： 未来，提高系统效率和机组性能是抽水蓄能技术的发展重点。研究变速恒频、蒸发冷却及智能控制等技术；研究振动、空蚀、变形、止水及磁特性，提高机组的可靠性和稳定性；研究水头变幅较大等复杂工况下机组的连续调速技术，是抽水蓄能技术的重点攻关方向。**预计到 2030 年，** 抽水蓄能转换效率达到 80%，随着优良的站址资源逐渐开发完毕，建设成本将有一定程度的上升，达到 5500～7000 元/千瓦。**预计到 2060 年，** 抽水蓄能的建设成本可能会进一步小幅上升。

应用潜力： 根据我国抽水蓄能站址资源开发进程，**预计到 2030 年，** 抽水蓄能装机规模将达到 1.13 亿千瓦。**预计到 2060 年，** 抽水蓄能装机规模将达到 1.8 亿千瓦。

5.3.2.2　电化学储能

技术特点： 电化学储能是目前技术进步最快、发展潜力最大的储能技术。其中，锂离子电池储能综合性能较好，可选择的材料体系多样，技术进步较快，在电化学储能技术中装机规模最大。截至 2019 年年底，全国电化学储能装机规模约 171 万千瓦，年平均增长率为 80%；其中，锂离子电池装机容量约 138 万千瓦❶。全球最大的锂离子电池储能电站是我国江苏镇江电站，装机容量为 10.1 万千瓦/20.2 万千瓦时。目前，锂离子电池储能循环次数为 4000～5000 次，能量密度达 200 瓦时/千克。受正负极材料、电解液、系统组件等成本的制约，系统建设总成本为 2100～2300 元/千瓦时。

发展趋势： 未来，提高电池的安全性和循环次数，降低成本是电化学储能的发展重点。研发更高化学稳定性的正负极材料；研究基于水系电解液或全固态电解质的新型锂离子电池体系；研发成本更加低廉的非锂系电池，如水系钠离子电池等，拓宽电池材料的选择范围，是电化学储能的重点攻关方向。**预计到 2030 年，** 电池安全性能提高，循环次数提升至 7000～8000 次，能量密度提升至 250

---

❶ 中关村储能产业技术联盟，储能产业研究白皮书 2020，2020。

瓦时/千克，系统建设成本降至 1000～1300 元/千瓦时。研发采用新型电极材料、全新体系结构的锂硫、金属空气等新型电池。**预计到 2050—2060 年，**化学储能安全问题得到有效解决，循环次数提升至 1 万～1.4 万次，能量密度提升至 300～350 瓦时/千克，系统建设成本降至 500～700 元/千瓦时[1]。

　　应用潜力：电化学储能综合性能较好，适用的场景较多，**预计到 2030 年，**电化学储能装机容量将达到 1.23 亿千瓦，利用电动汽车参与 V2G 可替代储能容量达到 700 万千瓦，共约占全部电源装机容量的 3.5%。**预计到 2060 年，**电化学储能装机容量将达到 7.5 亿千瓦；其中，电动汽车可替代储能容量将达到 3.5 亿千瓦，共约占全部电源装机的 9.4%。

专栏 11　　**电动汽车 V2G 技术为电网提供**
经济灵活的短时储能方案

　　电动汽车 V2G 技术是指电动汽车与电网之间实现功率双向交换和信息双向互动的技术。电动汽车 V2G 可以作为短时功率型储能，在负荷高峰时段放电支撑电网供电，在低谷时段充电补充出行和高峰时段消耗的电量。

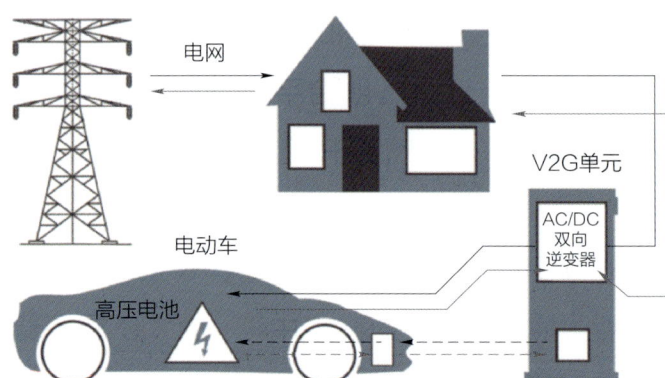

专栏 11 图 1　V2G 技术示意图[2]

---

[1] 全球能源互联网发展合作组织，大规模储能技术发展路线图，北京：中国电力出版社，2020。
[2] 图片来源：https://myev.online/the-future-of-charging-bidirectional-v2g/。

> **电动汽车参与 V2G 相当于在用户侧接入了大量低边际成本的分布式储能设备，为电力系统提供巨大储能潜力。**预计到 2050 年，全国对短时功率型储能的需求为 5 亿～7 亿千瓦，如全部由电力基础设施投资商（包括电源、电网）新建，总投资高达 2.6 万～3.6 万亿元。其中超过 60% 的成本将来自于电池本体。届时，全国电动汽车将达到 3.2 亿辆，如果能够有效利用这些已有的储能能力，相当于为电力系统节省了电池本体的投资。如果 30%～40% 的电动汽车参与 V2G（参与强度 20%），提供的灵活性调节功率可达 6.5 亿～9.2 亿千瓦（时长 3 小时，电量 28 亿千瓦时），相当于增加了超大容量的、弹性的虚拟云储能电站，可节省超过 1.3 万亿元的储能设备投资。电动汽车参与 V2G 技术，在削峰填谷、需求侧响应、电网频率调整、提高电能质量等场景下将发挥重要作用。

5.3.2.3 氢储能

技术特点： 氢气是具有实体的物质，相对于电能更容易实现大规模存储。氢储能是未来发展前景最好的长期储能技术。目前，电制氢主要采用碱性电解槽技术，效率为 60%～70%，储氢主要采用高压气态储氢技术，储氢密度为 10～15 摩尔/升，持续放电时间在 1 天以内，燃料电池用氢技术广泛应用，氢储能的整体转换效率为 30%～40%[1]。经济性方面，受设备造价、储氢方式、设备利用率等因素的制约，氢储能系统成本为 1 万～1.5 万元/千瓦。

发展趋势： 未来，提高转化效率和储氢密度并降低成本是氢储能的发展重点。改善电堆、电极与隔膜材料，优化电解槽的设计和制造工艺；研发低成本、高可靠性的高压气态和低温液氢储氢设备，研究新型液体有机物及金属储氢技术；研究新型燃料电池、燃氢轮机等用氢技术，是氢储能的重点研发方向。**预计到 2030**

---

[1] 华志刚，储能关键技术及商业运营模式，北京：中国电力出版社，2019。

年， 氢储能系统效率提高至 35%～45%，储氢密度提高至 15～20 摩尔/升，持续放电时间达到 100 小时以上，系统成本降至 7000～10000 元/千瓦。**预计到 2050—2060 年，** 系统效率提高至 60%～65%，储氢密度超过 30～35 摩尔/升，持续放电时间达到两周以上，系统成本降至 6000～8500 元/千瓦。

5.3.2.4 压缩空气储能

技术特点： 压缩空气储能具有循环次数多、使用寿命长等优点，可作为主流储能技术的有效补充，具有一定发展潜力。我国已建成 6 万千瓦级先进绝热压缩空气和 0.15 万千瓦级深冷液化压缩空气示范工程。压缩空气储能装机容量可达十万千瓦级，使用寿命 30 年左右，循环次数上万次，能量转换效率为 50%～60%[1]。受空气压缩机、透平机、储气罐等关键设备成本的制约，压缩空气储能系统总成本为 6000～9000 元/千瓦。

发展趋势： 未来，提升系统效率和降低成本是压缩空气储能技术发展重点。研究宽范围、高温离心压缩技术、多级再热膨胀技术、纳微结构复合储热蓄冷材料，研究系统集成与试验技术及新型设备的标准化，研究等温压缩、等压压缩等新体系下的空气储能技术，探索利用其他工质（如二氧化碳）的气体压缩储能技术，是未来的重点攻关方向。**预计到 2030 年，** 压缩空气储能系统效率提升至 55%～65%，持续放电时间超过 30 小时，成本降至 4000～7000 元/千瓦。**预计到 2050—2060 年，** 系统效率提升至 70%，持续放电时间达到 100 小时，成本降至 3000～5500 元/千瓦。

5.3.2.5 储热

技术特点： 储热技术成本低廉，容量易扩展，可实现大规模存储，但热—电转化过程效率较低。目前，熔融盐储热已在光热发电领域得到了较好应用，截至

---

[1] 陈来军，梅生伟，王俊杰，等．面向智能电网的大规模压缩空气储能技术．电工电能新技术，2014，33(6)：1-6。

2019 年年底，我国已有约 40 万千瓦储热系统投入光热发电，实现商业化运营。储热系统成本为 200~250 元/千瓦时。

发展趋势： 未来，提高电—热—电转化效率和储热密度，降低成本以及开拓新的应用场景是储热技术的发展重点。研发更高温度的新型储热材料，如高温陶瓷、相变材料等；形成大容量跨季节储热的成套设计、施工技术；实现相变储热、化学储热在清洁电力供热、移动储热等场景中广泛应用；实现百万千瓦级电—热—电高温储热在电力系统中作为储能应用，是重点攻关方向。**预计到 2030 年，** 储热密度提高 30%，电—热—电转化效率提高到 60%，成本降至 140 元/千瓦时以下。**预计到 2050—2060 年，** 储热密度提高 50%，电—热—电转化效率达到 65% 以上，成本有望降至 60~70 元/千瓦时。

5.4 能效提升技术

能效提升是以更少的能源消费满足同等服务需求，在保证经济发展和居民生活水平提高的情况下使用更少的能源，缓解能源供给的压力。能效提升在尽早达峰阶段发挥关键作用，包括煤电效率进一步提升降低煤耗、终端节能增效降低化石能源消费，是能源消费及碳排放尽早达峰的关键举措。能效提升渗透在工业、建筑、交通各领域和日常用能行为的方方面面。主要包括终端领域用能设备技术改进、能源供应（电力生产、油气开采和炼化）技术进步、能源系统数字化发展，从而减少工业、交通、居民商业及服务业、电力生产等各领域碳排放。在本报告技术框架中，能效提升技术主要指电能替代以外的能效提升技术。

5.4.1 工业领域

技术特点： 经过多年高速发展，工业领域已步入向高质量发展转变的阶段。工业领域能效提升手段主要包括，**钢铁行业，** 提高废钢回收利用率，推广新型换热技术和工业锅炉通用新兴节能技术。**有色金属行业，** 发展再生金属产业，推广氧气底吹熔炼等重点节能低碳技术。**建材行业，** 水泥、玻璃和陶瓷等行业推广大型新型干法技术，不断降低熟料水泥比，发展新型工艺技术和生产技术。**石化行业**，推广先进技术，严格执行"限塑令"，提高塑料、纤维等化工品回收率。

发展趋势：通过产业结构调整、淘汰落后产能和新技术的引入等，未来工业领域能源消费强度将持续下降。产业结构上，高耗能行业整体增速回落，工业新兴产业崛起；各行业内部淘汰落后产能，促进能效提升，能源利用效率大幅提高。两者共同作用下，工业领域能源消费强度持续下降，降幅显著大于全球平均水平，工业领域能源消费总量也进入平台期。通过减量发展传统高耗能产业，提高高耗能产业集中度，大力发展新型产业，淘汰工业落后产能，提升工业品强制能效标准，提高化工品回收率，普及能量管理系统，大力推广先进节能减排技术，提高设计、制造、管理等环节数字化、智慧化水平等措施，不断提高工业领域能效水平。

应用潜力：预计 2060 年，粗钢、铜、铝、水泥、平板玻璃、乙烯、烧碱的单位产品能耗在目前水平上大幅下降 20%～50%，工业领域能源强度下降 20% 以上。

5.4.2　交通领域

技术特点：发展节能技术，提高车辆燃油标准、普及公共出行等推动交通领域能效全面提升。交通领域能效提升手段主要包括，**公路运输，**发展均值压燃技术等不断提高车辆的燃料效率；提高公共交通出行比例；推广甩挂运输并推进货运车辆的大型化、专业化，优化公路货运结构；普及汽车轻量化技术等节能新技术。**铁路运输，**加大再生制动技术等节能技术的推广应用；推进公铁联运和铁水联运发展；在铁路客货枢纽站推广可再生能源利用技术。**水路运输，**普及靠港船舶使用岸电技术，提升船舶能效在线智能检测与管理能力；提高内河航运承载比重，优化水路运输结构；通过智能航运提升水运节能降耗水平。**航空运输，**使用生物航空燃料替代航空燃油消费；推广先进飞机发动机材料和工艺等技术，加快节能技术推广应用；优化航线网络和运力配备，改善机队机构，加强航空联盟合作等，加强运输效率。

发展趋势： 通过相关政策的推进和新型技术的发展，交通领域能源消费强度未来持续下降。通过发展智能化、网联化、共享化的新型交通运输体系，不断提高燃油汽车经济性，调整交通运输结构，促进货物运输向铁路与水运等绿色货运方式转移，加强不同运输方式的衔接、协作与管理，不断提高交通领域能效水平。

应用潜力： 预计 2060 年，燃油轻型乘用车、重型商用车燃料效率在目前水平上大幅下降 20%～50%，交通领域能源强度下降 40% 以上。

5.4.3 建筑领域

技术特点： 建筑领域能效提升，在城镇化进程中以更少的能源满足建筑服务水平需求。建筑领域能效提升手段主要包括三个方面：**提高建筑电器能效标准。** 通过建筑电器能耗限额标准提高市场准入门槛，有力推动淘汰低效落后产品，扩大高效节能产品的市场份额。扩大能效标准覆盖面，关注数据中心、冷链物流等新兴领域能效提升的需求。**既有建筑节能改造。** 针对北方采暖住宅，提高建筑气密性；根据房屋朝向和日照规律，采用高效的遮阳技术；采用先进的屋面保温体系；实施建筑供热计量改造、空调通风系统改造；不断扩大老旧小区非节能建筑改造。**提高新建建筑节能标准。** 积极推广低能耗建筑，引领建筑能耗标准提升，降低建筑物的建造和使用过程中对环境的负面影响；新建建筑设计阶段、施工阶段全部严格执行建筑节能标准，鼓励各地制订更高等级节能标准；加大清洁能源相关技术在建筑领域中的应用。

发展趋势： 我国正处于快速城镇化进程中，建筑总面积、建筑能源消费总量都将持续增加；与此同时，我国建筑服务水平与发达国家还存在差距，单位建筑面积能耗总体上仍在增加。通过提升北方供暖建筑物能效，加大既有非节能建筑改造力度，加强建筑物能耗监测与评价，推广超低能耗建筑和提高新建建筑的节能标准等措施，不断提高建筑领域能效水平。

应用潜力： 预计到 2060 年前，既有居住建筑基本实现节能改造，改造后节能率不低于 30%。家用节能电器实现全覆盖，建筑领域能源强度下降 50% 以上。

5.4.4 电力领域

技术特点： 电力行业节能减排效果显著，供电煤耗持续下降。按照国家能源局发布的数据，2017 年，全国供电标准煤耗为 309 克/千瓦时，同比再降 3 克/千瓦时，持续近年来不断降耗的趋势。与 2007 年的 356 克/千瓦时相比，全国供电标准煤耗累计下降了 47 克/千瓦时。随着标准煤耗的深度下降，其降幅总体呈现波动中下降趋势。目前，我国已提前实现了"现役燃煤发电机组经改造平均供电煤耗低于 310 克标准煤/千瓦时"的规划目标。

发展趋势： 未来积极推进高效、清洁火电技术研发。对于 60 万千瓦及以上大容量机组，总结推广 610~620℃ 二次再热先进高效超超临界煤电技术。对 600℃ 一次再热机组因地制宜地采用双机回热、低温省煤器、空预器综合优化、烟气余热深度利用等技术，发电煤耗降低 10~18 克/千瓦时。研究开发整体煤气化燃料电池发电（IGFC）技术，系统效率可提高至 56%~58% 以上，同时实现污染物和二氧化碳近零排放。研发采用可再生能源、余热、煤炭等多种热源的

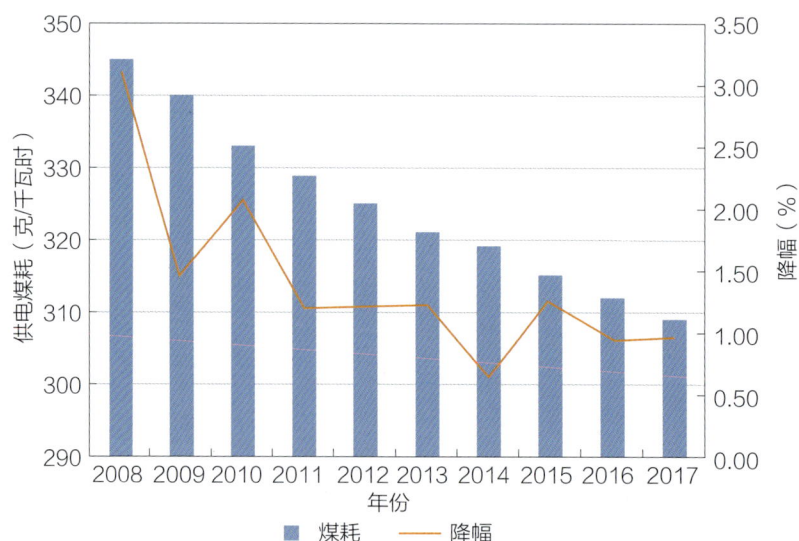

图 5.23　2008—2017 年中国供电煤耗和降幅

超临界二氧化碳发电技术，减少碳排放和设备体积。研发超超临界循环流化床（CFB）机组低成本超低排放技术。通过采用汽轮机通流部分改造、锅炉烟气余热回收利用、电机变频、供热改造等节能改造技术，重点对具有改造价值的 30万、60 万千瓦等级亚临界、超临界机组实施综合性、系统性节能改造，改造后供电煤耗力争达到同类机组先进水平。

5.5　碳捕集、利用与封存技术

实现碳中和，二氧化碳捕集、利用与封存（CCUS）技术必不可少，其中碳捕集与封存（CCS）技术在化石能源发电领域将起到一定的补充减排作用，在传统重化工业如钢铁、水泥、化工等领域作为主要的减排手段；碳捕集与利用（CCU）技术将在新型化工和生物利用等领域发挥重要的减排作用。

技术特点：二氧化碳捕集、利用与封存（Carbon Dioxide Capture，Utilization and Storage，CCUS）是指将二氧化碳从排放源中分离后捕集、直接加以利用或封存以实现二氧化碳减排的过程，主要包括碳捕集、输送、封存和利用技术。**CCUS 技术环节多，成本构成复杂。碳捕集技术方面**，燃烧后捕集相对成熟，可用于大部分火电厂、水泥厂和钢铁厂的脱碳改造，国内已建成数套十万吨级捕集装置，其中第二代燃烧后捕集技术的能耗为 0.07～0.09 吨标准煤/吨二氧化碳[1]。**输送技术方面**，目前我国二氧化碳陆路车载运输和内陆船舶运输技术已经较为成熟，成本分别约为 1.1 元/（吨·千米）和 0.3 元/（吨·千米）。二氧化碳海底管道输送技术尚处于概念研究阶段。二氧化碳陆地管道输送技术是最具应用潜力和经济性的技术，目前输送成本低于 1 元/（吨·千米）。**封存技术方面**，目前，我国已发展陆上咸水层封存、海底咸水层封存、枯竭油气田封存等技术。陆上咸水层封存成本约为 60 元/吨二氧化碳，海底咸水层封存成本约为 300 元/吨二氧化碳，枯竭油气田封存成本约为 50 元/吨二氧化碳。**捕集后的二氧化碳可在地质、化工、生物等领域实现转化和利用。地质利用方面**，二氧化碳强化石油开采技术（CO_2-EOR）已应用于多个驱油与封存示范项目，2010—2017 年二

---

[1] Global CCS Institute，碳捕集与封存全球现状，2019。

氧化碳的累计注入量超过 150 万吨,累计原油产量超过 50 万吨,总产值约为 12.5 亿元。**化工利用方面,**将二氧化碳和共反应物转化成目标产物,实现资源化利用。主要用于合成高附加值化学品、合成能源燃料和合成材料,二氧化碳利用规模约为 25 万吨/年,产值约为 7 亿元/年。**生物利用方面,**以生物转化为主要手段,将二氧化碳用于生物质合成,可生产食品、饲料、生物肥料、生物燃料和气肥等。生物利用技术的产品附加值较高,经济效益较好。

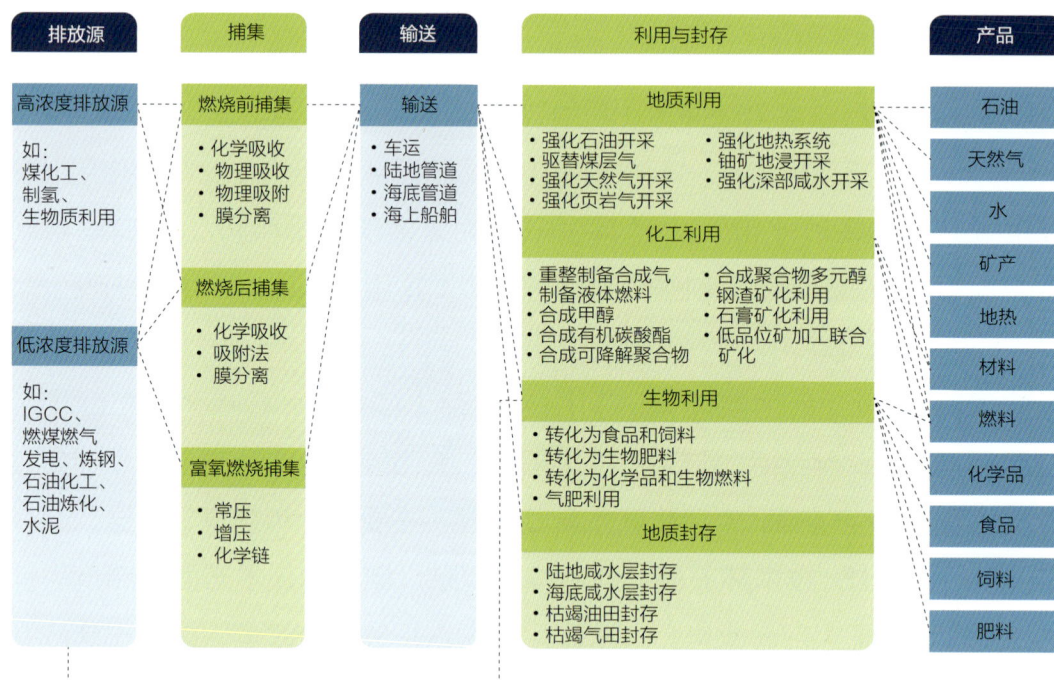

图 5.24　CCUS 技术流程及分类示意图❶

发展趋势: ①碳捕集与封存(CCS)。我国油气田二氧化碳理论封存容量可达 20 亿~40 亿吨,包括咸水层封存等理论总封存容量达 2.4 万亿吨❷。未来 CCUS 发展趋于集约化、产业化。**2030 年,**预计我国现有 CCUS 技术开始进入商业应用阶段并具备产业化能力,第一代捕集技术的成本与能耗比目前降低 10%~15%,第二代捕集技术的成本与第一代技术接近,并建成具有单管 200 万吨/年输送能力的陆地长输管道。**2035 年,**第一代捕集技术的成本及能耗与目前相比降低 15%~25%,第二代捕集技术实现商业应用,成本比第一代技术降

❶ 科学技术部社会发展科技司、中国 21 世纪议程管理中心,中国碳捕集利用与封存技术发展路线图,2019。
❷ Global CCS Institute, 碳捕集与封存全球现状,2019。

低 5%～10%；新型利用技术具备产业化能力，并实现商业化运行；地质封存安全性保障技术获得突破，大规模示范项目建成。**2040 年，** CCUS 系统集成与风险管控技术得到突破，初步建成 CCUS 集群，集约化发展促进 CCUS 综合成本大幅降低；第二代捕集技术成本比当前捕集成本降低 40%～50%，并在各行业实现商业应用。**2050—2060 年，** CCUS 技术实现广泛部署，建成多个 CCUS 产业集群。②二氧化碳化工利用（CCU）。我国煤化工生产过程的二氧化碳排放具有排放浓度高、分布集中、单个排放源排放量大等特点与优势。利用捕集的二氧化碳，结合太阳能、风能发电制氢产出的"绿氢"，生产高附加值化工产品，包括二氧化碳制甲醇、烯烃、燃料等，将成为未来煤炭和石油化工产业发展的主要方向。加快"一个回归、一个转化"，使化石能源回归其作为工业原材料使用的基本属性，通过电将二氧化碳转化为甲烷、甲醇等燃料和原材料，满足人类永续发展需求。

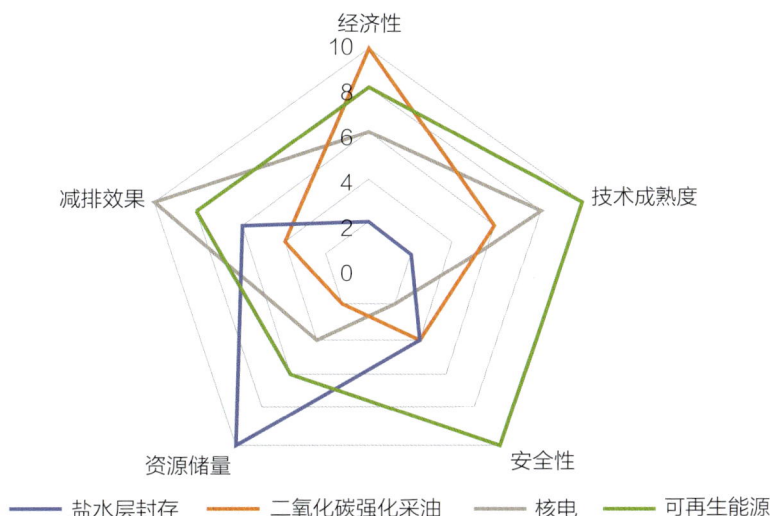

图 5.25　CCUS 与可再生能源、核能多维度对比示意图

应用潜力： 预计到 2060 年，CCUS 技术二氧化碳移除能力达到 5.1 亿吨/年，在工业过程、化石能源发电等领域累积减排二氧化碳超过 100 亿吨。作为一项能够实现化石能源低碳利用的新兴技术，CCUS 能够在移除化石燃料燃烧与工业过程碳排放的同时，充分利用捕集的二氧化碳生产石油、天然气、矿产、材料、饲料与食品等一系列产品，是我国未来减少碳排放的重要手段。

专栏 12　中国 CCUS 技术应用现状及未来趋势

我国启动多个 CCUS 示范项目。与发达国家相比，我国 CCUS 技术研发工作起步较晚，截至 2019 年年底，共有 18 个捕集项目在运，二氧化碳捕集量约 170 万吨，主要应用于地质、化工和生物等领域。其中，运行中的地质利用项目有 12 个，地质利用量约 100 万吨；化工利用量约 25 万吨、生物利用量约 6 万吨。

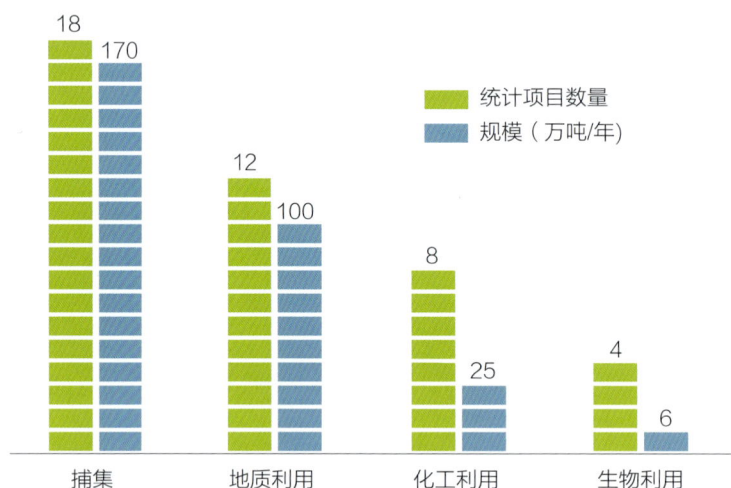

专栏 12 图 1　中国 CCUS 项目统计（2019 年年底）[1]

CCUS 在化石能源加工行业具有一定应用前景。煤化工厂、天然气加工厂等排放二氧化碳气体的纯度通常高于 70%，属于高浓度排放源，捕集成本约占 CCUS 全链条成本的 70%～80%，且捕集能耗与成本相对较低。以煤化工厂为例，目前工业可行的煤制油技术可以分为直接液化和间接液化两大类，这两类技术生产过程中，大约 80% 的二氧化碳能够被储存下来而不需要付出额外的捕集成本。目前，神华集团基于其在内蒙古鄂尔多斯

---

[1] 蔡博峰，李琦，林千果，等，中国二氧化碳捕集、利用与封存（CCUS）报告（2010），生态环境部环境规划院气候变化与环境政策研究中心，2020 年。

地区的"煤制油生产线"，利用膜分离技术分离二氧化碳，将二氧化碳浓度由 87% 提高至 95%，并将二氧化碳封存于鄂尔多斯盆地的咸水层。

煤电加碳捕集难以成为中国实现碳中和的主要手段。一是煤电加碳捕集成本较清洁能源发电不具备优势。采用 CCS 或 CCUS 技术对煤电进行碳捕集将增加煤电度电成本。相比无 CCS，煤电配备 CCS 的建设成本和运维成本都将增加 50% 左右。二是运输成本较高。我国适合碳封存的场址主要在西部，排放较高的煤电厂主要在东中部，无论采用陆路运输还是管道运输，成本都较高。三是降低发电效率。相比无 CCS，煤电配备 CCS 效率降低约 20%。煤电加 CCS 的模式并不具备竞争力。

5.6 负排放技术

负排放技术主要包括生物质碳捕集与封存（BECCS）、直接空气捕集（DAC）和土地利用变化和林业（LULUCF）[1]。负排放技术是 2060 年前实现碳中和必不可少的技术手段，同时，负排放技术的应用规模还需统筹考虑我国生物质资源量限制、粮食安全、技术不确定性等诸多因素。

5.6.1 生物质碳捕集与封存

技术特点：生物质碳捕集与封存（BECCS）技术是一项结合生物质能和二氧化碳捕集与封存来实现温室气体负排放的技术[2]，通过将生物质燃烧或转化过程中产生的二氧化碳进行捕集和封存，实现捕集的二氧化碳与大气的长期隔离[3]。

[1] Fuhrman J, McJeon H, Patel P, et al., Food–energy–water implications of negative emissions technologies in a +1.5℃ future, Nature Climate Change, 2020, 10: 920–927。
[2] 常世彦，郑丁乾，付萌，2℃/1.5℃温控目标下生物质能结合碳捕集与封存技术(BECCS)，全球能源互联网，2019，2(03): 277-287。
[3] GCCSI, Bioenergy and Carbon Capture and Storage, Sydney: Global CCS Institute, 2019。

由于生物质本身通常被认为是零碳排放，即生物质燃烧或转化产生的二氧化碳与其在生长过程吸收的二氧化碳相当，因此，其封存的二氧化碳在扣除相关过程中的额外排放之后，能够实现负排放[1]。

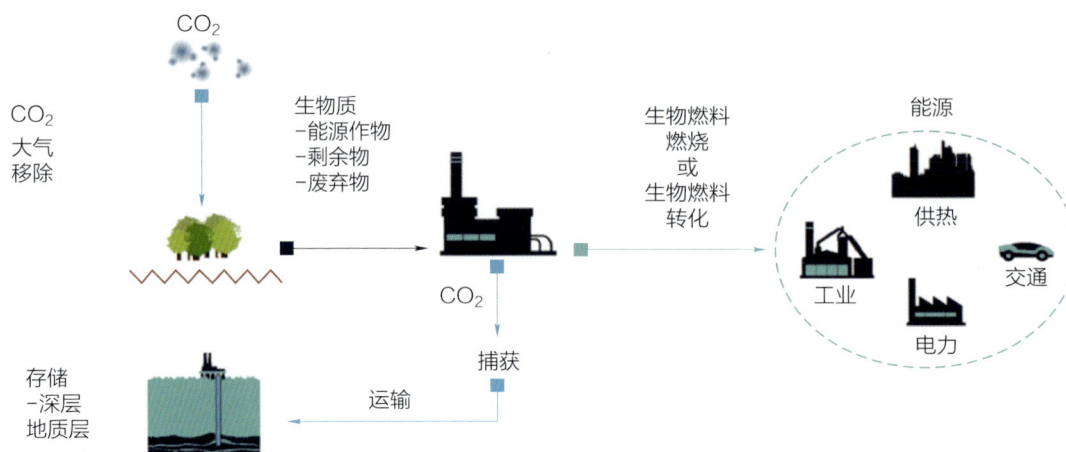

图 5.26　BECCS 技术示意图[2]

项目现状： 目前 BECCS 技术项目较少，主要分布在欧美地区。截至目前，全球共有 27 个 BECCS 项目，其中，有 7 项正在运营中，包括 1 个大型项目和 6 个示范试点项目，年捕集二氧化碳量约为 160 万吨[3]。这些项目主要基于现有的乙醇工厂、水泥厂、制浆造纸厂以及生物质混燃和生物质纯发电厂。目前，我国尚未开展 BECCS 示范项目。美国伊利诺伊州工业碳捕集项目（IL-ICCS）是目前全球规模最大的 BECCS 项目，该项目从玉米生产乙醇的过程中捕集高纯度的二氧化碳，注入大约 2100 米深的咸水层地质永久封存，捕集规模达到 100 万吨二氧化碳/年。此外，还有多个正在规划的 BECCS 项目，这些项目考虑结合多种生物质能源技术，包括生物质燃烧、生物质气化和沼气生产等[4]。

---

[1] IEA, Biomass with Carbon Capture and Storage (BECCS/Bio-CCS), Paris: IEA Greenhouse Gas R&D Programme, 2017。

[2] GCCSI, Bioenergy and Carbon Capture and Storage, Sydney: Global CCS Institute, 2019。

[3] 常世彦，郑丁乾，付萌，2℃/1.5℃温控目标下生物质能结合碳捕集与封存技术(BECCS)，全球能源互联网，2019，2(3)：277-287。

[4] 陈创，贾贺，李英楠，生物质能-碳捕集与封存技术:实现绿色负排放，第十届全国能源与热工学术年会论文集，2019。

发展趋势：BECCS 技术路线很多，未来成本将逐步下降。BECCS 技术链条长，技术种类众多，不同技术间 CCS 应用成本差异较大，目前每吨二氧化碳减排所需成本介于 100～2700 元[1]。研究显示，生物质燃烧耦合 CCS 技术的二氧化碳减排总成本最高，为 600～1960 元/吨；生物质制乙醇耦合 CCS 技术的二氧化碳减排成本相对较低，为 140～1200 元/吨。最新研究表明，2015 年，我国 BECCS 发电技术成本约为 935 元/吨，2030、2050 年成本将分别下降至 736、591 元/吨[2]。

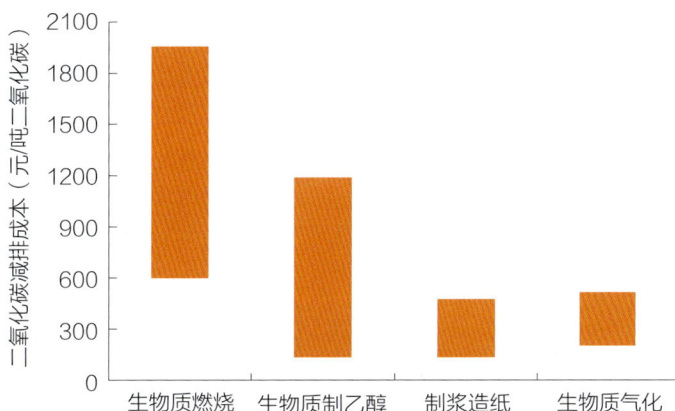

图 5.27　不同生物质利用方式下 BECCS 技术的减排成本

减排潜力：我国每年农作物秸秆理论产量范围为 4.33 亿～9.84 亿吨，其中可收集量为 3.72 亿～7.69 亿吨，其中有 1.52 亿～2.41 亿吨可能源化利用；林业剩余物年均生产量在 1.69 亿～21.75 亿吨，其中可收集量范围为 2.9 亿～9 亿吨。据清华大学中国车用能源研究中心估算，我国农林业剩余物可收集量到 2050 年约为 12 亿吨，其中，可能源化利用量为 5.4 亿～7.7 亿吨，在考虑其他生物质能利用的前提下，可作为生物液体燃料原料的利用量为 2.1 亿～4.5 亿吨[3]。

[1] GCCSI, Bioenergy and Carbon Capture and Storage, Sydney: Global CCS Institute, 2019。

[2] Huang X, Chang S, Zheng D, et al., The Role of BECCS in Deep Decarbonization of China's Economy: A Computable General Equilibrium Analysis, Energy Economics, 2020, 104968。

[3] 常世彦，郑丁乾，付萌，2℃/1.5℃温控目标下生物质能结合碳捕集与封存技术(BECCS)，全球能源互联网，2019，2(3): 277-287。

应用潜力： BECCS 在生物燃料制造、生物质发电等方面有望大规模应用。2017 年，全球生物质燃料生产量接近 1 亿吨标准煤，生物质发电装机容量超过 5000 万千瓦，如果能够全部部署 BECCS 技术，能够产生巨大的减排效益。生物质发电+CCS 技术目前已有一些实践案例，如位于英国北约克郡的 Drax 发电厂于 2018 年开始试点 BECCS，是世界上第一个 100%从生物质原料燃烧过程中捕获二氧化碳的项目。Drax 发电厂投资 40 万欧元，每天捕获 1 吨二氧化碳，并于 2019 年 2 月成功捕获首批二氧化碳[1]。预计到 2030 年，我国通过 BECCS 技术实现 1100 万吨二氧化碳负排放，到 2050 年，BECCS 负排放增加至 4 亿吨二氧化碳。

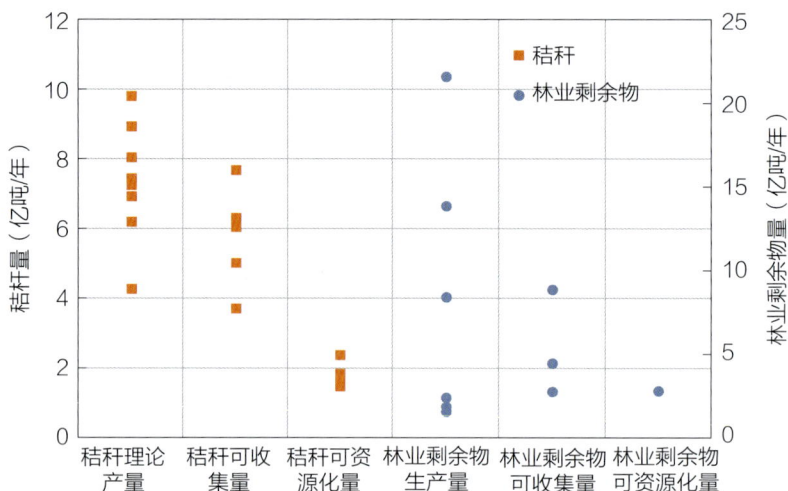

图 5.28　中国生物质资源潜力

影响因素： 发展 BECCS 应用推广需综合协调多种影响因素。BECCS 技术具有可观的碳减排潜力，但技术推广具有一定不确定性，需要综合考虑生物质存储容量及可用性，对食物、纤维和环境可持续性的需求，成本和融资机会以及对土地、肥料和水的竞争等众多因素[2]。研究发现，使用 BECCS 作为实

---

[1] Drax. Carbon dioxide now being captured in first of its kind BECCS pilot, https://www.drax.com/press_release/worldfirst-CO_2-beccs-ccus/。

[2] Jones M B, Albanito F, Can biomass supply meet the demands of bioenergy with carbon capture and storage (BECCS)? Global Change Biology, 2020, 26:5358–5364。

现《巴黎协定》目标的关键技术，需要占用人类目前使用总量 3% 的淡水资源和 7%～25% 的农业用地[1]。因此在推行 BECCS 时必须衡量 BECCS 的应用规模、土地资源、水资源、粮食需求、生物多样性等多领域相互关系，合理部署和分配资源。

5.6.2　直接空气捕集

技术特点： 直接空气捕集能够直接捕获空气中的二氧化碳，捕获的二氧化碳可以注入地下，或用于制造燃料或塑料等商业产品。目前，DAC 技术有多个技术发展路线，其中氢氧化物溶液捕获二氧化碳技术利用氢氧化物溶液直接吸收二氧化碳，然后将该混合物加热至高温以释放二氧化碳，以便将其储存并重新使用氢氧化物，成本相对较低。另一种基于小型模块化反应器中使用胺吸附剂的技术成本较高，但由于可以在工业生产线上进行模块化设计，加上释放二氧化碳用于存储所需的温度较低，进而可以使用余热，也具有一定的发展潜力。

发展趋势： DAC 技术具备发展潜力，未来发展机遇与挑战并存。与 CCUS 技术以排放源为基础进行捕获的方式不同，DAC 技术不依赖于排放源地理位置的变化，因而在具有经济性的前提下具有一定吸引力。但从捕获—运输—封存利用的全技术链的角度考虑，将工厂建在储存和利用站点附近更易操作，且减少远距离运输二氧化碳（如管道运输）的成本。因此，未来 DAC 技术的发展普及程度取决于完整技术链和综合方案的经济性与适用性。

[1] Smith P, Davis S J, Creutzig F, et al., Biophysical and Economic Limits to Negative CO_2 Emissions, Nature Climate Change, 2016, 6(1)。

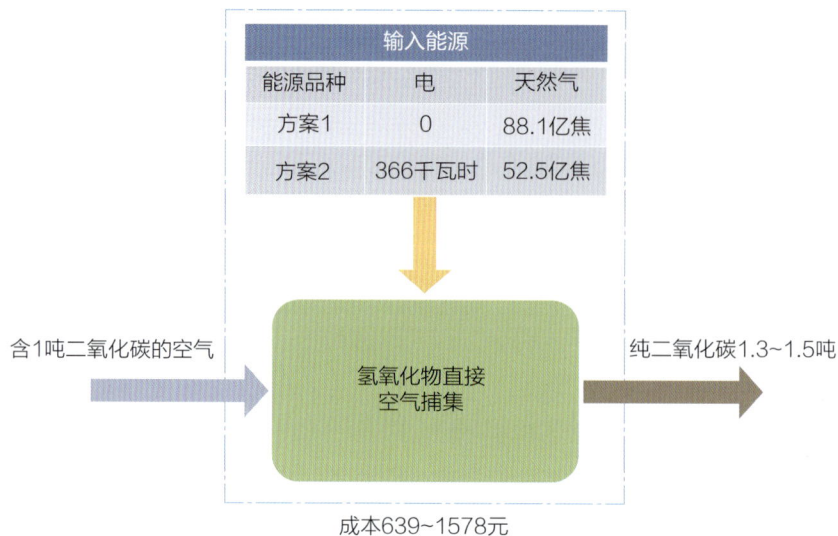

输入能源		
能源品种	电	天然气
方案1	0	88.1亿焦
方案2	366千瓦时	52.5亿焦

含1吨二氧化碳的空气 → 氢氧化物直接空气捕集 → 纯二氧化碳1.3~1.5吨

成本639~1578元

图 5.29 氢氧化物溶液捕集二氧化碳技术能源及成本需求

5.6.3 土地利用变化和林业碳汇

技术特点： 土地利用变化和林业（LULUCF）的碳汇是人类经营管理土地过程中，利用包括绿色植物的光合作用过程在内的生物地化过程、水循环过程等，将大气中的二氧化碳吸收、固定以木质生物碳或土壤有机碳的形式储存在森林、草地、湿地、农田等陆地生态系统中[1]。森林、草地、湿地、农田等陆地生态系统既是大气温室气体的汇，也是大气温室气体的源，主要取决于土地利用方式和土地管理等因素[2]。人类合理与可持续管理利用土地，可以将陆地生态系统保持为大气二氧化碳的汇。2007—2016 年，全球由林业、土地利用和土地利用变化平均每年产生 112 亿吨二氧化碳的净吸收（不包括由毁林、土地退化、湿地破坏等引起的排放）[3]。

[1] IPCC, Land Use, Land-Use Change and Forestry, A Special Report of the Intergovernmental Panel on Climate Change, 2000。

[2], [3] IPCC, Climate Change and Land: An IPCC Special Report on Climate Change, Desertification, Land Degradation, Sustainable Land Management, Food Security, and Greenhouse Gas Fluxes in Terrestrial Ecosystems, 2019。

发展现状：我国有多类型的土地资源与丰富复杂的生态环境条件。截至 2016 年年末，全国共有耕地 13492.10 万公顷，园地 1426.63 万公顷，林地 25290.81 万公顷，牧草地 21935.92 万公顷；森林覆盖率 22.3%，森林蓄积量 163.72 亿立方米[1]。"绿水青山就是金山银山"已经成为我们发展的主要理念与实践指南，全国第 6~9 次森林资源连续清查的资料数据表明：全国现有 170.15 万平方千米乔木林、6.32 万平方千米竹林、7.35 万平方千米未成林地、3.57 万平方千米疏林、73.63 万平方千米灌木林地。2014 年，我国在土地、土地利用变化和林业领域，林地、农地、草地、湿地分别吸收了 8.40 亿、0.49 亿、1.09 亿、0.45 亿吨二氧化碳[2]。在现行的森林保护与管理、草地管理与保护、农田管理与保护、湿地保护与管理下，我国的林业、草地、农田和湿地可实现近 6 亿吨二氧化碳当量的碳汇。

发展趋势：近数十年来，林地仍然是我国碳吸收的最主要与最大土地利用类型[3]。保持人工林的持续扩张，是保持我国森林与土地利用变化领域持续增加碳汇的主要方向与举措。我国在 20 世纪末、21 世纪初相继实施了天然林资源保护[4]、退耕还林[5]等全国性的重大工程，生态环境质量明显改善，森林资源结构与数量、森林覆盖率等都有明显提升，森林对大气二氧化碳吸收的碳汇作用逐年上升[6]。

应用潜力：到 2060 年，土地利用变化和林业助力我国实现 10 亿吨以上二氧化碳当量的负排放。受到生长的限制，今后 30~50 年内，我国现有的森林，无论是已造人工林，还是恢复天然林，都将逐渐达到或接近成熟，森林对大气二氧化碳的净吸收作用会有所减弱。此外，受土地有限性的制约，我国人工林扩张越来越受到可用土地的限制。在干旱与半干旱区建设一批设施农业进行湿润半湿润区土地的置换，是增加碳汇的重要方向与举措。在我国西北的光热丰富地区，建设一批设施农业基地，生产果蔬等农产品来供应国内市场；与此同时，置换东

---

[1]，[2] 中华人民共和国，中华人民共和国气候变化第二次两年更新报告，2018。1 公顷=10000 平方米。
[3]，[6] 中华人民共和国，中华人民共和国气候变化第三次国家信息通报，2018。
[4] 周晓峰，天然林保护工程与可持续林业，东北林业大学学报，2000，28（5）：62-66。
[5] 李育材，中国的退耕还林工程，北京：中国林业出版社，2005。

部湿润、半湿润区的部分农田和草地等土地，进行新森林的培养（新的人工林、新的退耕还林），来加强我国的生态保护与修复，进一步提升我国陆地生态系统的碳汇，使我国由森林、农田、草地、湿地等产生的碳汇（净碳吸收）达到每年约 10 亿吨二氧化碳的水平。

6 碳中和综合效益

　　建成中国能源互联网实现碳中和目标，标志我国全面建成零碳能源体系，形成可持续发展新格局，对经济发展、能源安全、社会民生、生态环境将产生巨大协同效益。到 2060 年，通过拉动经济增长、减少化石能源补贴、创造就业、避免气候损失、增加健康协同效益，创造社会福利累计约 1100 万亿元，相当于 1 元能源投资能够获得 9 元社会福祉。

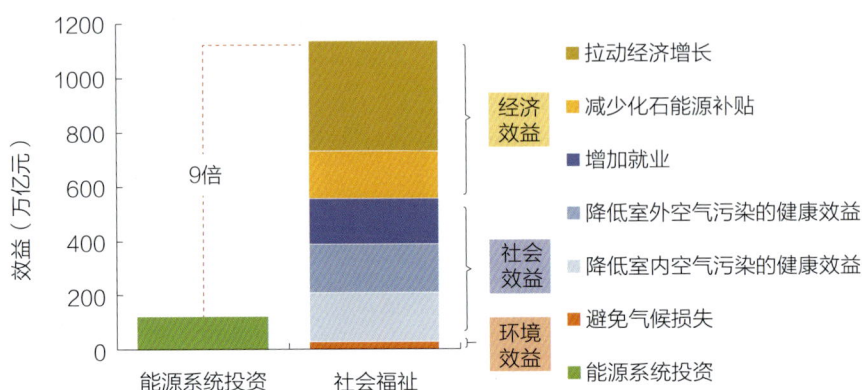

图 6.1　中国能源互联网碳中和实现路径投资带动 9 倍社会福祉提升

6.1　经济效益

6.1.1　经济发展

　　拉动经济增长。中国能源互联网建设拉动投资，带动上下游产业发展，并为经济活动提供优质、清洁、智能的电力供给，提升能源利用效率，具有显著的经济拉动作用。到 2060 年，能源系统累计投资 122 万亿元，拉动全社会整体投资规模超过 410 万亿元，对我国 GDP 增长的贡献率超过 2%。

　　推动经济转型。建成以清洁能源为主体的零碳可持续能源体系，能直接推动我国工业、建筑、交通等主要终端领域的低碳转型，促进国内经济高质量发展。

先进技术和新兴产业的强劲发展持续提高能源和资源利用效率，推动建立绿色低碳、循环发展的产业结构，提升我国经济发展核心竞争力的同时，带来社会发展、环境保护等协同效益。

6.1.2 产业带动

推动能源产业转型升级。能源系统转型覆盖能源生产、转换、传输、存储和消费等各环节，有力带动上下游产业链发展。**促进能源基础产业发展，**通过建设高比例可再生能源接入、多能互补的能源网络，推进新能源产业、新型储能产业、智能电网产业、输配电设备制造业和节能环保产业加快发展。**加快能源数字产业发展，**通过将大数据、云计算、物联网、移动互联网、人工智能等先进互联网技术引入能源系统、实现能源系统的高端化、智能化，建设开放共享的能源信息网络相关产业，包括能源智能终端产业、能源传感通信产业、能源大数据产业等。**培育新兴能源服务业，**通过能源和信息的深度融合，带动配售电产业、车联网服务产业、新能源云产业、综合能源服务产业蓬勃发展。

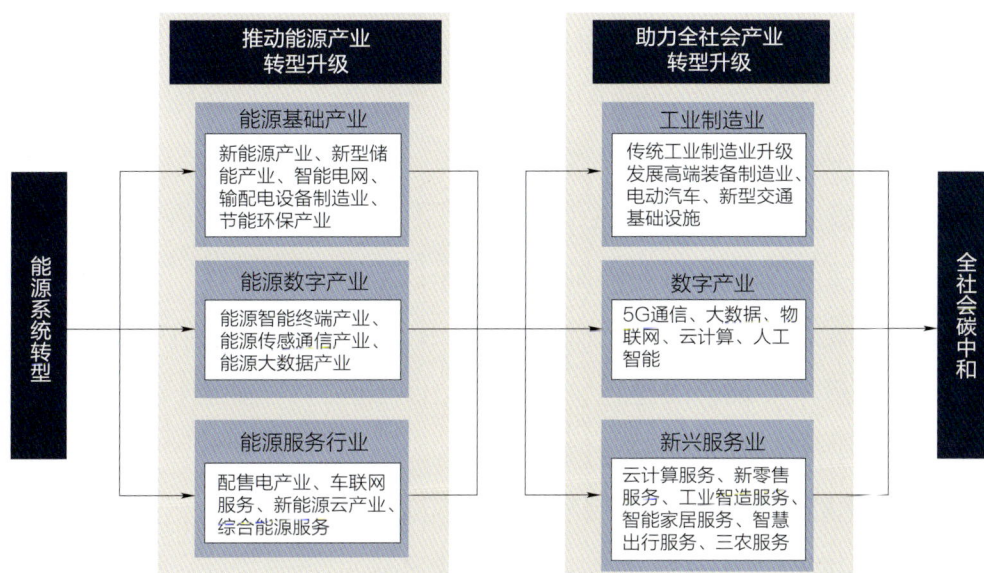

图 6.2　碳中和实现路径带动能源产业和全社会产业转型升级

助力全社会产业转型升级。支撑传统工业制造业转型升级。以清洁电力和电制原料燃料全面促进传统产业节能降耗，加快传统产业转型升级，促进传统重化工业加速转向清洁低碳的新型重化工业。**加快数字产业发展**。能源系统转型为 5G 通信、大数据、物联网、云计算、人工智能等先进数字技术应用提供重要载体，推动产业链升级、价值链提升，通过跨界融合，打造经济发展新模式，以数字化、智能化助力全社会碳中和目标的实现。**培育战略新兴服务业**，低碳、智能、高效的能源供需体系降低全社会用能成本，带动云计算服务、新零售服务、工业智造服务、智能家居服务、智慧出行服务、三农服务等新兴服务业和新商业模式快速发展，提高传统服务业技术含量和附加值，创造更大的社会经济效益。**为全社会产业结构转型升级注入强大动力**。能源消费模式的创新催生新业态新模式的形成，加速技术创新，促进高端装备制造业、电动汽车、新型交通基础设施等产业的蓬勃发展，新一代信息技术、新能源、新材料、节能环保等战略性新兴产业成为经济发展的主导产业。优化经济产业结构，第三产业比重加速上升，到 2060 年，第三产业比重将提高到 66% 左右。

6.1.3　能源保障

保障能源安全。实现碳中和目标需要自主开发清洁电力，为经济社会发展提供充足、经济、稳定、可靠的能源供应保障。到 2060 年，我国一次能源供应量达到 59 亿吨标准煤，其中清洁能源能够满足 90% 的一次能源需求，根本解决能源供应紧张问题。我国发电量将达到 17 万亿千瓦时，其中可再生能源发电量占比达到 96% 以上，高比例可再生能源电力系统安全稳定运行，人均用电量达到 1.3 万千瓦时，是 2015 年人均用电量的 3 倍以上，全社会用电成本下降 20%。2060 年，我国基本实现能源自给，能源安全保障能力大幅提升。

建成现代化能源系统。成本降低，降低能源供给整体成本，提高能源供给经济性、可靠性、安全性和环保性[1]。**配置优化**，建成清洁主导、电为中心、互联互通、开放共享的现代能源系统，为经济社会提供安全、清洁、低碳、高效的能

---

[1] 全球能源互联网发展合作组织，全球能源互联网应对气候变化研究报告，北京：中国电力出版社，2019。

源保障❶。**效率提升,**推动我国产业结构转型升级,进而大幅提高能源效率,到 2060 年,我国单位 GDP 能耗相比 2018 年降低 80%以上。

6.2 社会效益

6.2.1 民生就业

创造大量就业岗位。中国能源互联网建设能够带动与能源产业相关的上下游产业发展,涵盖社会生产、流通、分配和消费等领域,在解决就业问题、降低失业率上,发挥重要作用❷。可再生能源产业单位产能就业人数是传统能源产业的 1.5~3.0 倍❸。到 2060 年,累计可增加约 1 亿个就业岗位,促进我国经济社会高质量发展。

促进区域协调发展。我国光、风、水电基地主要分布在西部地区。到 2050 年,新疆、青海、内蒙古、西藏等地区重点规划开发 18 个大型太阳能发电基地,发电总装机规模可达 5.5 亿千瓦;新疆、甘肃、蒙东、蒙西等地区将重点规划开发 21 个大型陆上风电基地,风电总装机规模可达 4 亿千瓦;西南地区的金沙江、雅砻江、大渡河、澜沧江、怒江、雅鲁藏布江等流域水电总装机规模可达 2.76 亿千瓦。促进西部地区清洁能源资源加快开发和消纳,带动发电、制氢、新型化工、绿色矿业等产业发展并形成支柱产业,将资源优势转化为经济优势,提高收入、增加就业、改善民生、促进稳定,缩小区域发展差异,推动东西部协调发展 ❹。

---

❶,❹ 全球能源互联网发展合作组织,中国能源转型,2019。
❷ 全球能源互联网发展合作组织,全球能源互联网应对气候变化研究报告,北京:中国电力出版社,2019。
❸ 何建坤,中国低碳发展战略与转型路径研究项目成果介绍,2020。

6.2.2 改善健康

保障居民健康。实现碳中和目标将带来生态环境的根本改善，提高空气质量[1]、水质和土壤质量，对我国居民健康有明显改进作用，增强人民生活幸福感[2]。到 2060 年，我国空气中细颗粒物浓度相比 2015 年减少 80%以上，达到国家环境空气质量一级标准，可避免因室内外空气污染、气候变化、极端天气灾害造成的死亡人数约 2000 万人，累计减少污染相关疾病人数约 9600 万人[3]。

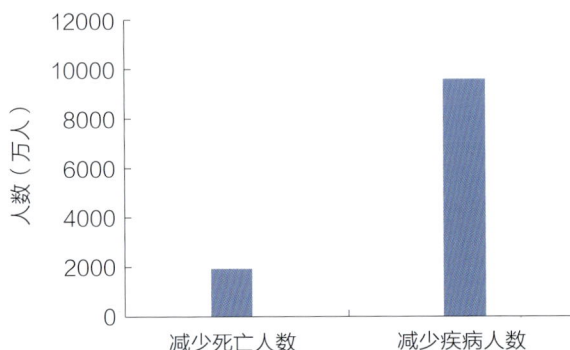

图 6.3 碳中和实现路径下到 2060 年累计减少的死亡与疾病人数

提高健康水平。短期通过改善生态环境，有效降低电力、工业和交通领域的空气污染物排放，显著改善室外与室内空气质量，提高水质与土壤质量，从而直接改善人群健康。**长期**通过保障气候安全，提高农作物产量、改善水文循环系统、减少自然灾害死亡人数、降低疾病发生率，促进国民健康。实现碳中和目标带来的直接健康效应会带动更多减排措施的积极实施，带来更大的健康协同效益[4]。

---

[1] 全球能源互联网发展合作组织，落实联合国 2030 年可持续发展议程行动计划，2017。

[2] 全球能源互联网发展合作组织，全球能源互联网应对气候变化研究报告，北京：中国电力出版社，2019。

[3] 测算方法参考 Qu C, Yang X, Zhang D, et al., Estimating health co-benefits of climate policies in China: An application of the Regional Emissions-Air quality-Climate-Health (REACH) framework, Climate Change Economics, 2020。

[4] 蔡闻佳，惠婧璇，赵梦真，等，温室气体减排的健康协同效应：综述与展望，城市与环境研究，2019，000（001）：76-94。

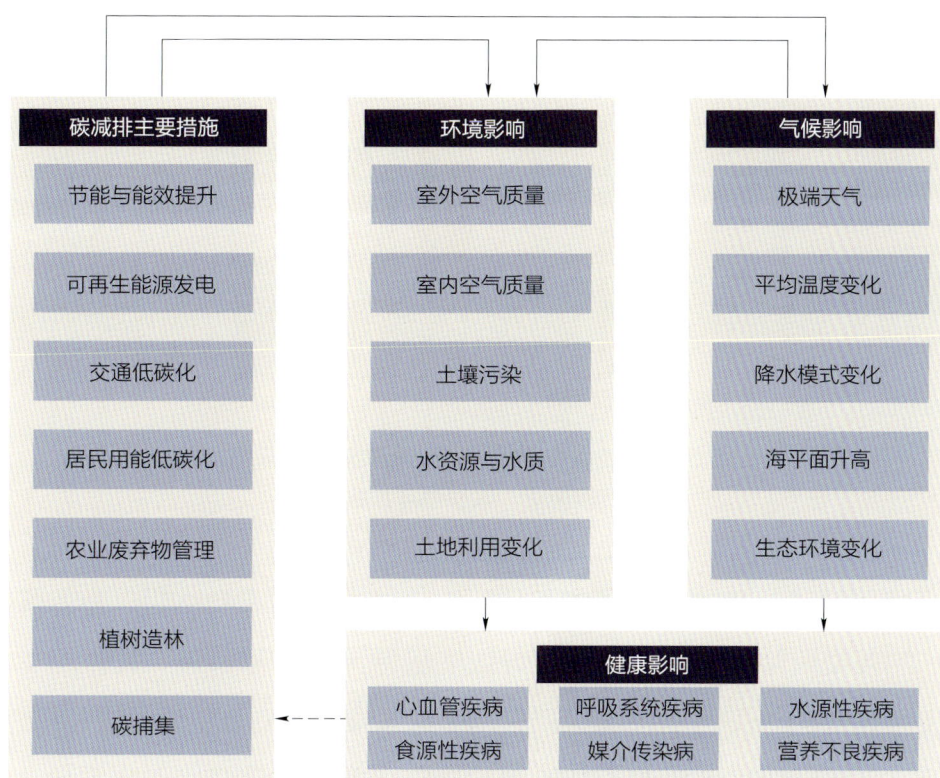

图 6.4　碳减排对人类健康影响的机理框架示意图

6.3　环境效益

6.3.1　气候效益

减少气候损失。实现碳中和目标，将气候风险维持在较低水平，大幅减少气候变化和气候灾害导致的各类经济、社会损失，且越早开始减排行动，能够避免的气候损失越大[1]。相比现有模式延续情景，中国能源互联网碳中和实现路径到2060年能够累计避免气候损失约31万亿元，相比现有模式延续情景下降56%[2]。

---

[1] Stern N, The Economics of Climate Change: The Stern Review, Cambridge, UK: Cambridge University Press, 2007。

[2] Zhao Z J, Chen X T, Liu C Y, et al., Global climate damage in 2℃ and 1.5℃ scenarios based on BCC_SESM model in IAM framework, Advance in Climate Change Research, 2020, 11,261-272。

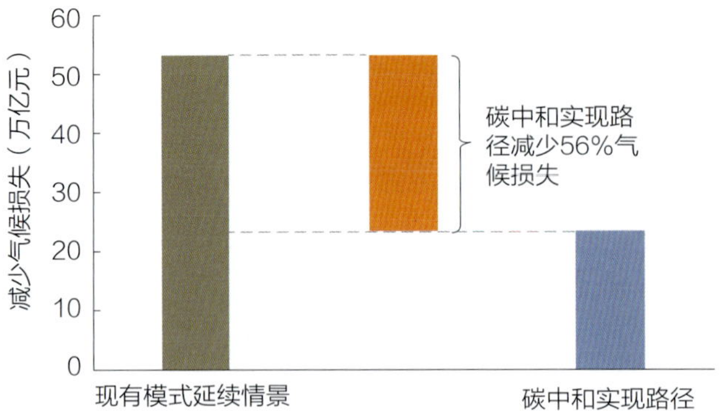

图 6.5　2020—2060 年碳中和实现路径降低
气候风险、减少气候损失

降低气候风险。我国实现碳中和目标，将助力控制温升水平，有效降低气候系统面临的各类风险。减缓气候变暖导致的极端天气气候事件，降低干旱、洪涝等极端灾害导致的人员伤亡和经济损失。减少气候变化对农业、民生和经济部门、基础设施、人类健康等造成的不利影响和损失，降低气候变化对水资源、土地等自然系统的不利影响。

6.3.2　环境保护

有效减少环境污染。到 2060 年，二氧化硫、氮氧化物、细颗粒物排放相比现有模式延续情景分别减少 1576 万、1453 万、427 万吨，分别减排 91%、85%、90%[1,2]，为破解气候变化、大气、淡水、土地、森林、海洋、粮食、生物多样性等环境问题开辟了新道路，为打赢打好污染防治攻坚战、推动生态环境治理体系和治理能力现代化提供有力支撑。

促进生态文明建设。从源头上直接减少化石能源生产、使用、转化全过程的空气污染物排放。推动电网互联互通优化资源配置，让过度依赖煤油气的地区用

---

[1] 国际能源署，能源与空气污染，北京：机械工业出版社，2017。根据全球能源互联网方案和国际能源署中的排放系数测算减排效益。
[2] 全球能源互联网发展合作组织，全球能源互联网促进全球环境治理行动计划，2019。

上清洁电能，拓展各区域的环境容量空间。促进电能替代扩大减排潜力，减少工业废气、交通尾气、生活和取暖废气等排放，实现空气污染联动治理。

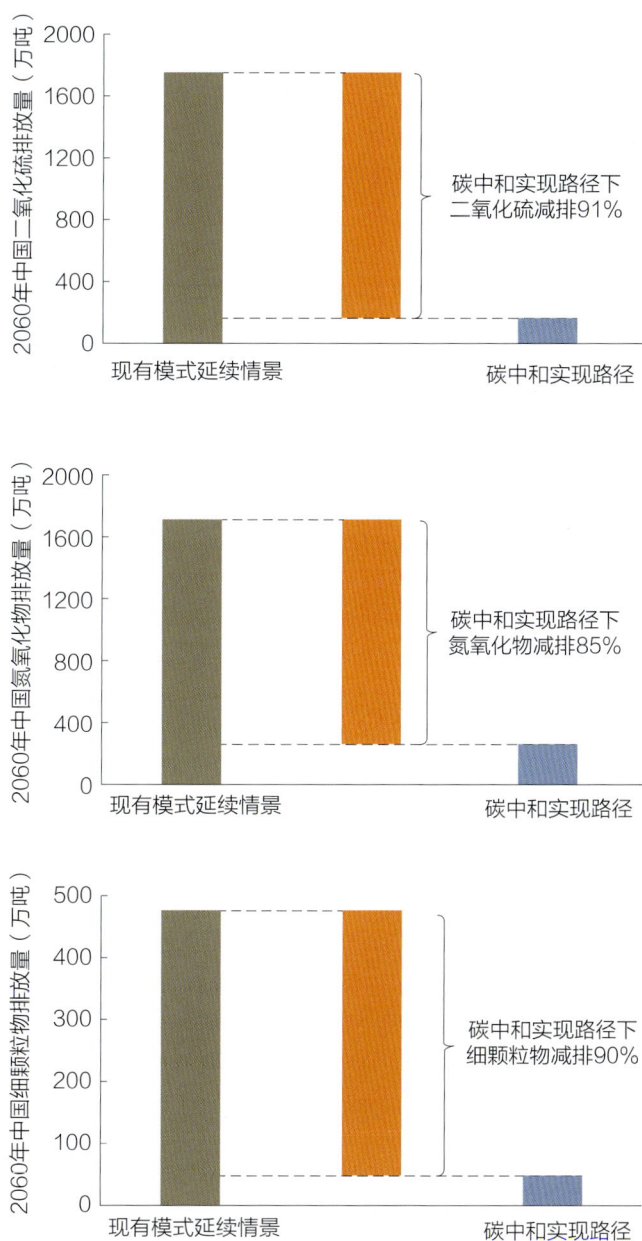

图 6.6　碳中和实现路径下的二氧化硫、
氮氧化物、细颗粒物减排量

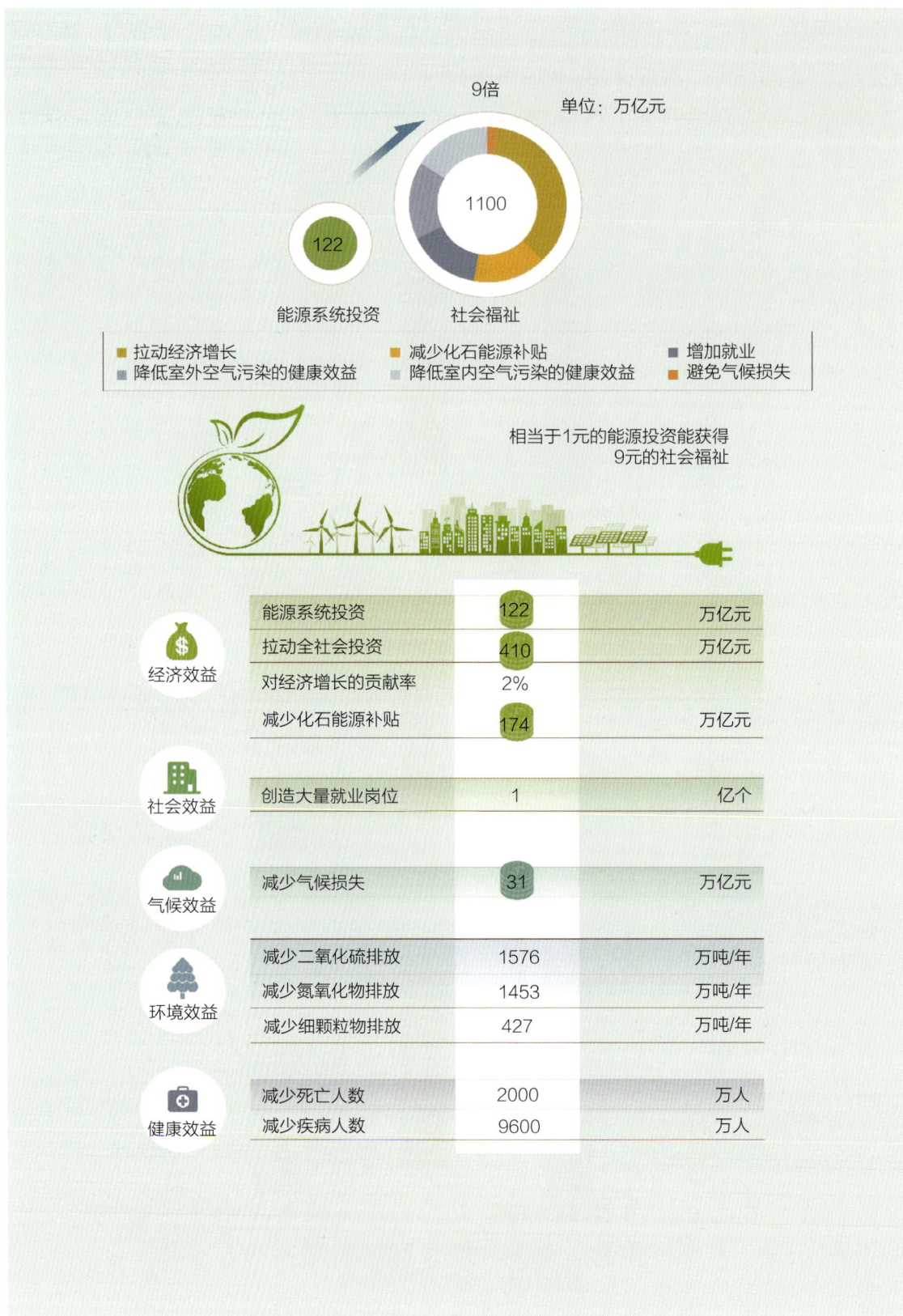

9倍

单位：万亿元

1100

122

能源系统投资　　　　社会福祉

- 拉动经济增长
- 降低室外空气污染的健康效益
- 减少化石能源补贴
- 降低室内空气污染的健康效益
- 增加就业
- 避免气候损失

相当于1元的能源投资能获得
9元的社会福祉

经济效益	能源系统投资	122	万亿元
	拉动全社会投资	410	万亿元
	对经济增长的贡献率	2%	
	减少化石能源补贴	174	万亿元
社会效益	创造大量就业岗位	1	亿个
气候效益	减少气候损失	31	万亿元
环境效益	减少二氧化硫排放	1576	万吨/年
	减少氮氧化物排放	1453	万吨/年
	减少细颗粒物排放	427	万吨/年
健康效益	减少死亡人数	2000	万人
	减少疾病人数	9600	万人

图 6.7　中国能源互联网碳中和实现路径的综合效益

7 主要观点与建议

7.1 主要观点

（1）习近平总书记提出的碳达峰、碳中和目标为我国应对气候变化、推动绿色发展指明了方向、擘画了蓝图。这是党中央、国务院统筹国际国内两个大局作出的重大战略决策，对我国生态文明建设、引领全球气候治理、实现"两个一百年"奋斗目标具有重大意义。我国 2060 年前实现碳中和需要在更短时间内、采取更广范围和更大力度的减排行动，必须以大格局大思路科学谋划碳中和综合方案，开辟我国绿色低碳发展创新道路。

（2）我国实现碳中和目标的总体思路是深入贯彻习近平总书记重要讲话和指示精神，围绕实现"两个一百年"奋斗目标和中华民族伟大复兴的中国梦，坚持统筹推进"五位一体"总体布局、协调推进"四个全面"战略布局，全面贯彻新发展理念，深入落实"四个革命、一个合作"能源安全新战略，坚持清洁低碳可持续发展方向，以中国能源互联网为基础平台，大力实施"两个替代"（能源开发实施清洁替代、能源使用实施电能替代），加快形成以清洁能源为基础的经济产业体系和绿色生产生活方式，实现"双主导""双脱钩"的新格局，即能源生产清洁主导、能源使用电能主导、能源发展与碳脱钩、经济发展与碳排放脱钩，推动以"尽早达峰、快速减排、全面中和"三个阶段实现碳中和，促进经济社会环境能源协调发展。

（3）我国实现碳中和目标应按照尽早达峰、快速减排、全面中和三个阶段统筹部署和实施。

尽早达峰阶段（2030 年前），以化石能源总量控制为核心，实现 2028 年左右全社会碳达峰，峰值控制在 115 亿吨，能源活动峰值为 102.3 亿吨。2030 年碳排放强度相比 2005 年下降 80%，能够提前兑现我国《巴黎协定》自主减排承诺。

快速减排阶段（2030—2050年前），以加快清洁替代和电能替代、全面建成中国能源互联网为关键，2050年电力系统实现近零排放，带动全社会碳排放降至13.8亿吨，相比峰值下降约90%，标志我国碳中和取得决定性胜利。

全面中和阶段（2050—2060年），以深度脱碳和碳捕集、自然碳汇为重点，能源和电力生产进入负碳阶段，力争2055年左右实现全社会碳中和。

（4）构建中国能源互联网将在未来 20～30 年形成高度清洁化、高度电气化、广域互联化和能源充足供应的现代能源体系，对实现我国碳中和目标发挥基础性、关键性作用。

能源供应清洁化。2030、2050、2060年一次能源消费总量分别为60亿、60亿、59亿吨标准煤，清洁能源占一次能源消费比重每年提高2个百分点，到2060年达到90%，是现有模式延续情景的2倍以上。

能源消费电气化。2028年化石能源消费达峰，电能加快成为能源使用的最主要形式。2030、2050、2060年全社会用电量分别为10.7万亿、16万亿、17万亿千瓦时。终端电气化率每年至少提高1个百分点，到2060年达到66%，是现有模式延续情景的1.7倍。

能源配置互联化。到2050年前，中国能源互联网全面建成，建成以特高压为骨干网架的东部、西部两个同步电网，跨区跨省电力流8.1亿千瓦，跨国电力流1.79亿千瓦，年配置碳减排资源22亿吨。

（5）实现碳中和是开创性、全局性的系统工程，需要在国家层面统筹部署，以前所未有的决心和力度在能源、工业、交通等行业领域大力实施八大重点行动。包括清洁发展跨越行动、化石能源转型行动、能源互联互通行动、全面电能替代行动、产业转型升级行动、能效综合提升行动、零碳社会建设行动、生态治理协同行动。

（6）建设中国能源互联网实现碳中和一举多得、综合效益巨大，能源系统每投入 1 元能够获得 9 元的社会福祉。

减排成本较低。 实现碳中和全社会边际减排成本约 258 元/吨二氧化碳，处于较低水平。到 21 世纪中叶我国实现从以化石能源为主导到以清洁能源为主导的能源系统转型，累计投资占 GDP 比重不超过 1.2%。

协同效益巨大。 促进高质量发展，对 GDP 增长贡献率超过 2%，增加约 1亿个就业岗位；保障能源安全，用能成本下降 20%以上；生态环境和人民健康极大改善。

引领全球治理。 我国实现 2060 年前碳中和目标对全球实现《巴黎协定》温控目标的减排贡献最大，成为全球气候治理和人类命运共同体建设的引领者。

7.2 建议

（1）贯彻落实习近平总书记关于应对气候变化、能源发展等方面重要讲话和指示精神，加强国家战略顶层设计，制定应对气候变化法律法规。将加快"两个替代"、构建中国能源互联网作为实现碳中和的战略举措，纳入新时代社会主义现代化建设总体目标和发展战略。在国家层面统筹研究部署，制定和完善应对气候变化法律法规，建立能源气候协同治理机制。以实现碳达峰为导向做好"十四五"规划，研究制定化石能源转型路线图。以建成中国能源互联网为目标、实现电力系统近零排放为关键，制定 2050 年长期低排放战略。2035、2050年碳强度相比 2005 年下降 85%和 95%以上，力争 2055 年左右实现全社会碳中和。

（2）**构建中国能源互联网，加快能源绿色低碳转型。将构建中国能源互联网作为我国落实能源安全新战略的关键举措。能源供应：**市场导向与政策约束并重，制定完善中长期化石能源退出机制，煤电"十四五"达峰，加快清洁能源发展速度和规模。2035、2050 年煤电装机容量下降到 9 亿、3 亿千瓦，清洁能源占一次能源比重达到 40%、75% 以上。**能源消费：**实施能源消费总量和化石能源消费"双总量控制"政策，加快提升终端电气化水平。2035、2050 年电气化率超过 35%、55%。**能源配置：**加快建设特高压骨干网架，促进各级电网协调发展，2050 年，全面建成坚强可靠的东部、西部同步电网。

（3）**加快建设全国电—碳市场，完善绿色投融资机制。**发挥市场对能源资源、碳减排的关键配置作用。**近期**加快电—碳市场顶层设计和机构设置，加快推进能源价格形成机制改革，取消化石能源补贴。**中长期**建成全国电—碳市场，完善电—碳交易机制，发展电—碳金融市场，全面建设零碳导向的投融资机制和绿色信贷机制，持续加强财政、税收、金融等政策支持和协同。

（4）**加快低碳零碳技术创新，培育战略新兴产业。近期**重点加快清洁能源、特高压输电、智能电网、储能、电动汽车等优势技术的规模化应用，支持电制燃料和原材料等新型电化工产业发展，制定产业发展规划。**中长期**实现电制氢及原材料、氢炼钢、碳捕集与封存、负排放等前沿技术规模化发展，抢占低碳技术发展制高点。推动关键低碳和零碳技术产业化，培育零碳战略新兴产业及配套产业，将技术优势转化为经济优势。

（5）**推动全社会零碳转型，形成绿色生产生活方式。生产领域，**建设低碳工业和零碳循环农业，超前部署深度电能替代体系，加快形成电能主导、绿氢为辅的工业用能体系和电气化农村用能体系。**生活领域，**建设电气化智慧交通体系。2035 年，部分地区禁售燃油车；2040 年，全面禁售燃油车。建设充电加氢基础设施及智慧车联网，力争到 2050 年电动汽车保有量占比达到 70%。倡导零碳文化和零碳生活方式，促进零碳城市、社区和美丽乡村建设。

7.2 建议

（6）**推广气候治理中国方案，构建人类命运共同体。将全球能源互联网作为我国引领全球能源气候治理、推动落实《巴黎协定》的全球方案。**推动将全球能源互联网作为由我国提出、世界各国参与，共同落实《巴黎协定》、构建人类命运共同体的合作治理载体，推进能源和气候国际合作，构建公平合理、合作共赢的全球能源和气候治理体系。

名词解释

1. 碳排放类

碳达峰：本报告指二氧化碳排放达到峰值后不再增长，实现稳定或开始下降。

碳中和（又称净零排放）： 本报告指二氧化碳达到人为碳排放和碳去除的平衡，即二氧化碳净零排放。

碳排放源：《联合国气候变化框架公约》（UNFCCC）定义为向大气中释放二氧化碳的过程、活动或机制，主要指人为的碳排放源，包括能源活动、工业过程、农业活动、土地利用和土地利用变化及林业（LULUCF）、废弃物处理过程中的二氧化碳排放。

碳汇：《联合国气候变化框架公约》定义为从大气中清除二氧化碳的过程、活动或机制。

森林碳汇：指森林植物吸收大气中的二氧化碳并将其固定在植被或土壤中，从而减少大气中的二氧化碳浓度。森林碳汇是最主要的碳汇形式。

碳捕集、利用与封存（Carbon Dioxide Capture，Utilization and Storage，CCUS）： 指将二氧化碳从排放源中分离后或直接加以利用或封存，以实现二氧化碳减排的工业过程。

生物质碳捕集与封存（BECCS）： 结合生物质能和二氧化碳捕集与封存来实现温室气体负排放的技术。

直接空气捕获（Direct Air Capture，DAC）： 指通过物理或化学的方式直接分离空气中的二氧化碳并捕集，捕获的二氧化碳经过纯化注入地下或者再利用。

基于自然的解决方案（Nature-based Solution，NBS）： 受自然启发、由自然支持或仿效自然的行动，主要目标是增强可持续城镇化、恢复退化的生态系统、发展气候变化适应和减缓，改善风险管理和生态恢复能力。

碳强度（单位 GDP 二氧化碳排放）： 指产生万元国内生产总值（GDP）排放的二氧化碳数量，单位是吨二氧化碳/万元。

2. 能源类

能源强度（单位 GDP 能耗）： 指单位 GDP 能源消费量，单位是吨标准煤/万元。

发电煤耗法： 是指一次能源统计中，可再生能源电力按当年平均火力发电煤耗换算成标准煤统计。

热当量法： 是指一次能源统计中，电力按自身的热功当量换算成标准煤，采用的折标系数为 1 万千瓦时相当于 1.229 吨标准煤。

现有模式延续情景： 本报告指延续当前发展趋势和政策，到 21 世纪中叶仍保持以化石能源为主导的能源体系。

图书在版编目（CIP）数据

中国 2060 年前碳中和研究报告 / 全球能源互联网发展合作组织著. —北京：中国电力出版社，2021.6
（2023.2 重印）

ISBN 978-7-5198-5661-8

Ⅰ . ①中…　Ⅱ . ①全…　Ⅲ . ①中国经济–低碳经济–经济发展–研究报告　Ⅳ . ①F124.5

中国版本图书馆 CIP 数据核字（2021）第 115496 号

审图号：GS（2021）2935 号

出版发行：	中国电力出版社
地　　址：	北京市东城区北京站西街 19 号（邮政编码 100005）
网　　址：	http://www.cepp.sgcc.com.cn
责任编辑：	孙世通（010-63412326）　曲　艺　周天琦
责任校对：	黄　蓓　李　楠
装帧设计：	张俊霞
责任印制：	钱兴根
印　　刷：	北京瑞禾彩色印刷有限公司
版　　次：	2021 年 6 月第一版
印　　次：	2023 年 2 月北京第三次印刷
开　　本：	889 毫米×1194 毫米　16 开本
印　　张：	12.75
字　　数：	208 千字
定　　价：	180.00 元